Pegandonotranco

Pegandonotranco

O Brasil do jeito que você nunca pensou

Ricardo Neves

2ª edição

Pegando no tranco: o Brasil do jeito que você nunca pensou.
© Ricardo Neves.

Direitos desta edição reservados ao Serviço Nacional de Aprendizagem Comercial – Administração Regional do Rio de Janeiro.

Vedada, nos termos da lei, a reprodução total ou parcial deste livro.

SENAC RIO
Presidente do Conselho Regional
Orlando Diniz

Diretor do Departamento Regional
Décio Zanirato Junior

Editora Senac Rio
Av. Franklin Roosevelt, 126/604
Centro – Rio de Janeiro – RJ
CEP: 20.021-120
Tel.: (21) 2240-2045
Fax: (21) 2240-9656
www.rj.senac.br/editora
comercial.editora@rj.senac.br

Editora
Andrea Fraga d'Egmont

Editorial
Cynthia Azevedo (coordenadora)
Cristiane Pacanowski e Flávia Marinho

Produção
Andréa Ayer, Karine Fajardo e Marcia Maia

Comercial
Roberto Combochi (coordenador)
Abel Pinheiro, Alexandre Martins, Allan Narciso, Flávia Cabral, Jorge Barbosa, Leandro Pereira e Marjory Lima

Marketing & Eventos
Adriana Rocha (coordenadora)
Joana Freire

Administrativo & Financeiro
José Carlos Fernandes (coordenador)
Aline Costa, Michelle Narciso e Rodrigo Santos

Copidesque
Cynthia Azevedo
Wilson Ferreira

Revisão
Anna Catharina Siqueira
Karine Fajardo

Projeto gráfico (capa e miolo)
Tira Linhas Studio | Márcia Cabral

Foto da capa
Hugo Denizart

Editoração eletrônica e finalização de arquivos
FA Editoração Eletrônica

1ª edição: dezembro de 2005
2ª edição: dezembro de 2006

CIP-BRASIL. CATALOGAÇÃO-NA-FONTE
SINDICATO NACIONAL DOS EDITORES DE LIVROS, RJ.

N427p
Neves, Ricardo, 1955–
    Pegando no tranco : o Brasil do jeito que você nunca pensou. / Ricardo Neves. – 2.ed. Rio de Janeiro: Editora Senac Rio, 2006.
    200p.
    16 x 23cm

    Inclui bibliografia

    ISBN: 85-87864-82-3

    1.   Brasil – Condições econômicas. 2. Brasil – Condições sociais.
    3.   Brasil – Previsão. 4. Previsão econômica – Brasil.
    I. Título

05-3591.

CDD 330.981
CDU 338.1 (81)

Para meus pais, Dulce e Wellington, com quem tenho aprendido, ontem, hoje e sempre, sobre o prazer de viver e lutar.

"As outras histórias contam as cousas passadas, esta promete dizer as que estão por vir; as outras trazem à memória aqueles sucessos públicos que viu o Mundo; esta intenta manifestar ao Mundo aqueles segredos ocultos e escuríssimos que não chegam a penetrar o entendimento."

História do Futuro, Capítulo I

Padre Antônio Vieira

(1608–1697)

APRESENTAÇÃO SENAC RIO

Muitos dos acontecimentos recentes na história do nosso país comprovam que não poderia haver momento mais oportuno para a publicação de *Pegando no tranco: o Brasil do jeito que você nunca pensou*. Com a finalidade de contribuir para o debate acerca do Brasil que tem tudo para dar certo, o autor Ricardo Neves alerta para a necessidade de novas respostas para perguntas igualmente novas e nos brinda com uma visão enriquecedora dos desafios do desenvolvimento, adquirida com sua vasta experiência como consultor nos mais diversos setores empresariais, em agências das Nações Unidas, Banco Mundial, Banco Interamericano e ONGs.

Trata-se, portanto, do olhar crítico de quem convive com a realidade das questões contemporâneas. Olhar este que não pode ser dispensado sob pena de retardarmos a realização do grande sonho de ver o Brasil em um patamar superior como país. Segundo o autor, o Brasil já possui um mercado que, devidamente considerado, pode fundamentar o seu necessário e inadiável desenvolvimento econômico e social.

Idéias como essa levam a uma reflexão responsável por parte de cada um de nós, e Ricardo Neves as constrói com simplicidade e clareza.

Por essas razões, o Senac Rio orgulha-se de incentivar esta leitura indispensável para todo cidadão brasileiro que, otimista e guerreiro por natureza, nunca deixa de sonhar com o progresso da nação.

Orlando Diniz
Presidente do Conselho Regional do Senac Rio

SUMÁRIO

PREFÁCIO DO AUTOR   13

INTRODUÇÃO   15

PARTE I
Desconstruir estereótipos e mitos decrépitos e equivocados   19

Capítulo 1 – A Ladainha da Miserabilidade   21

Capítulo 2 – Percepções, distorções e reinterpretações da realidade   27

Capítulo 3 – Das confusões sobre o tamanho da pobreza no Brasil   35

Capítulo 4 – Questionar o campeonato mundial da desigualdade de renda   51

Capítulo 5 – Do Brasil-Belíndia ao Exército de Formigas Consumidoras   57

Capítulo 6 – Fracassamos em reter o homem no campo?   69

Capítulo 7 – O mito das riquezas naturais subaproveitadas   73

Capítulo 8 – A corrupção é o grande problema do Brasil?   79

Capítulo 9 – O mito de que a criminalidade brota da pobreza   97

CONCLUSÃO – O Brasil Copo pela Metade   101

PARTE 2

Em busca do que pode dar certo   **105**

Capítulo 10 – E agora: as más notícias...   107

Capítulo 11 – Para além da miopia macroeconômica   113

Capítulo 12 – Das más notícias à formação de uma nova agenda Brasil para o progresso sustentável   117

Capítulo 13 – O desafio da informalidade   119

Capítulo 14 – O desafio da criminalidade   129

Capítulo 15 – O desafio do estatismo exagerado e da obesidade e ineficiência governamentais   139

Capítulo 16 – O desafio da geração de trabalho e empregos de alta qualidade   147

Capítulo 17 – O desafio da redução da vulnerabilidade social   159

Capítulo 18 – O desafio da baixa inserção internacional   171

EPÍLOGO – Em busca da grande transformação   181

NOTAS, REFERÊNCIAS E BIBLIOGRAFIA   **189**

PREFÁCIO DO AUTOR
Por que "Pegando no tranco"?

Que título achar para um livro no qual eu digo que chega dessa perspectiva à qual fomos acostumados; de imaginar o Brasil como um empreendimento a ser realizado no futuro e não como um trabalho coletivo em andamento?

Somos um povo acostumado com a idéia de que alguns países europeus e norte-americanos deram certo e só nós demos errado como nação. Vivemos cronicamente concebendo utopias. E assim, temos subsistido presos a um tempo enguiçado. E, na verdade, todos os tais países "de Primeiro Mundo" sempre viveram pegando no tranco.

O Brasil mudou, está mudando e vai mudar ainda mais rápido. Digo que mudou para melhor do que acredita o tal do senso comum. Essa é a minha boa notícia. Entretanto, precisamos mudar ainda mais nos tempos à frente, ou então tudo vai ficar muito pior do que pode imaginar esse mesmo senso comum. Sem sonho, sem utopia, "pegando no tranco".

INTRODUÇÃO

Sonho pode ser a atividade psíquica involuntária que ocorre durante o sono e que é comum a todo ser humano. Ninguém vive sem sonhar.

Sonho pode, ainda, designar aquela visão inspiradora que move um indivíduo no seu cotidiano e ao longo de sua vida. No entanto, você pode viver sem sonhos. Apague a capacidade de alguém sonhar, nesse sentido de ter visões inspiradoras, e você verá alguém que leva a vida burocraticamente, a comer, a beber, a dormir, a trabalhar, sem paixão, com baixa capacidade de criar, de oferecer a si próprio desafios. Pior do que tudo isso, incapaz de se aventurar. Só quem se aventura realiza. Realizadores são sonhadores com imensa capacidade de concretizar seus sonhos. O sonho é o começo de toda realização.

Nesse sentido da visão inspiradora, grupos de pessoas associadas, por meio de suas ações cotidianas, também têm sonhos, tanto quanto o ser humano individualmente. E o que é válido para indivíduos também é válido para grupos de pessoas: para fazer acontecer grandes coisas – coisas extraordinárias – é necessário sonhar.

Assim, o ser humano em sua vida associada, seja como time (de futebol ou de cientistas), seja como empresa pequena ou grande, sejam órgãos de governo ou ONGs. E até mesmo como cidadãos, todas essas modalidades de associação humana só alcançarão resultados extraordinários se movidas por sonhos. Quer dizer, grandes sonhos. "Tudo vale a pena quando a alma não é pequena", dizia o poeta Fernando Pessoa; e ter a alma grande, pensar grande, é sonhar grande.

Muitas vezes, os sonhadores são poucos, mas basta uma minoria animada para a maioria dançar. O que importa é que tudo parte de um sonho, que pode se tornar contagioso. Na direção do Bem, sonhos podem tornar-se o elemento de sustentação de ações que se complementam e promovem a construção de uma civilização. Na direção do Mal, podem ser um pesadelo a empurrar rumo à barbárie, como no caso do nazismo e de outros "ismos totalitários" do século XX.

O denominador comum da visão inspiradora – o sonho de nação que nós, brasileiros, acalentamos – necessita de uma profunda renovação. Esgotaram-se as visões inspiradoras das gerações passadas, daqueles que viveram ou foram militantes nos mais variados períodos da história brasileira do século XX: nos surtos desenvolvimentistas dos breves e precários períodos de democracia, nas revoluções e golpes militares, nas utopias de esquerda, nos movimentos de renovação cultural, como o Modernismo, a Bossa Nova, o Cinema Novo, nas lutas pela democratização e pelas liberdades democráticas etc.

Os sonhos do velho século XX são uma roupa esmolambada que não cabe mais na geração dos que se comunicam em tempo real pela Internet, pelos celulares, pelos *blogs* e *e-mails*. E que não servem mais para pessoas e grupos que acham muito mais interessante conviver e atuar por meio de portais do *cyberspace* ou em ONGs, do que militar em burocráticos e embolorados partidos políticos e sindicatos. E que perderam o significado para pessoas que, independentemente da idade, não se contentam mais com um regime democrático tal como temos hoje, que, se existisse há trinta ou quarenta anos, seria considerado incrivelmente avançado em termos de liberdades democráticas. Sonhos, enfim, que deixaram de mobilizar e fascinar gente que acha que utopias, esquematismos analíticos e totalitarismos, sejam de esquerda ou de direita, são velhas respostas que não servem para as perguntas novas.

Pegando no tranco: o Brasil do jeito que você nunca pensou é uma contribuição para esse debate. O leitor não precisa ser Ph.D, nem acadêmico. Não precisa ser economista, nem cientista político. Não é uma leitura para iniciados de espécie alguma. O mais importante dos pré-requisitos é estar aberto a afirmações não convencionais, muitas vezes contra-intuitivas.

Este livro está dividido em duas partes. A primeira tem como objetivo discutir sobre a permanência injustificada de conceitos envelhecidos e decrépitos, como o problema da superestimação da pobreza no Brasil. Na segunda parte, cada capítulo procura delinear os desafios prioritários que precisamos enfrentar para chegar a um novo *status* de nação. Mas, não é um livro que necessite ser lido de forma linear. Sinta-se à vontade para navegá-lo, indo e vindo entre capítulos, se esse é o seu estilo.

Dito isso, bem-vindo a bordo e boa viagem. Espero que você compartilhe o sonho em busca do que pode dar certo.

PARTE 1

Desconstruir estereótipos e mitos decrépitos e equivocados

Rever conceitos ultrapassados e que nos impedem de entender claramente as transformações drásticas que já ocorreram e as que estão para ocorrer.

CAPÍTULO 1
A Ladainha da Miserabilidade

Para nós, brasileiros, às vezes parece que só existem duas formas de se ver o Brasil. Ou através dos óculos do miserabilismo, que, segundo o *Dicionário Houaiss*, "é uma tendência literária, artística e mesmo ensaística de ressaltar os aspectos mais miseráveis, mais torpes, mais abjetos, mais iníquos do homem e da sociedade"; ou então através dos óculos do ufanismo, atitude alusiva ao livro *Por que me ufano do meu país*, escrito pelo Conde Afonso Celso, em 1900.

Contudo, ao longo do século XX, o ufanismo foi perdendo a credibilidade e tornou-se uma posição insustentável. Então, depois que a ditadura militar largou um país destrambelhado na mão da sociedade brasileira, aí é que o ufanismo ficou inteiramente sem defensores. Ficou sendo uma forma *naif* de ver o mundo, própria dos ingênuos, dos simplórios ou, então, dos que estão dispostos a enganar as pessoas, como políticos demagogos que não querem reconhecer a necessidade imperiosa de encarar os problemas dos brasileiros, sobretudo os de ordem social.

Assim, parece que durante o século XX, o miserabilismo tornou-se o gene dominante no DNA dos brasileiros. Admitir qualquer melhora do País passou a ser até politicamente incorreto. Ninguém quer ser identificado como o bobalhão capaz de dizer que as coisas possam ter melhorado.

Parece que nós, brasileiros, passamos a fazer análise da situação do País da mesma forma que Nelson Rodrigues fazia ficção. Ele dizia que "a ficção, para ser purificadora, tem que ser atroz. O personagem é vil para que não o sejamos. Ele realiza a miséria inconfessa de cada um de nós". Aliás, o próprio Nelson dizia, também, que brasileiro tem "complexo de cachorro vira-lata".[1]

Sentenciar as causas das mazelas do Brasil é parte da cultura e do DNA do brasileiro. Em qualquer lugar público, há sempre uma pessoa a ponderar com outra em voz alta: "O problema do Brasil é...". Macunaína, um dos nossos heróis da literatura, já tinha um *kit* de diagnóstico pronto e volta e meia dizia "Pouca saúde e muita saúva, os males do Brasil são...".

Mais modernamente, ouso dizer que existe um consenso nacional acerca de um conjunto de sete afirmações que funcionam como premissas consideradas auto-evidentes e verdadeiras, que não carecem de demonstração. Nós, brasileiros, nos acostumamos a recitar cada uma dessas afirmações como um axioma, como se fossem verdades inquestionáveis. Chamo esse conjunto de afirmações de Ladainha da Miserabilidade.

Tais afirmações podem funcionar juntas ou em separado. Podemos usá-las como notas musicais que, se agrupadas, compõem uma música. Fazem parte do nosso cotidiano, de nosso histórico pessoal e mesmo da cultura nacional. Crescemos a ouvi-las e a dizê-las e as repetimos para nossos filhos, para os estrangeiros. Pior, o tempo passa e seguimos acreditando que são pura verdade.

As sete afirmações são amplamente usadas. Políticos, empresários, gente de esquerda e de direita, empregados e desempregados, colunistas de jornal, *socialites*, acadêmicos, pagodeiros, taxistas etc. recitam dia e noite:

"Pobreza é o grande problema."

"O Brasil é o campeão mundial da desigualdade e da exclusão social."

"Fracassamos em reter o 'homem no campo'."

"A classe média está encolhendo."

"Nossas riquezas naturais são mal aproveitadas."

"A corrupção é o problema do Brasil."

"A criminalidade é fruto da miséria."

Amém!

Atreva-se a desmentir ou questionar qualquer uma dessas afirmações, esses dogmas da brasilidade, e você será ridicularizado, ou linchado, ou ignorado, ou visto como louco, ou então mau-caráter.

No entanto, ainda que algumas dessas afirmações tenham sido verdadeiras, até mesmo em um passado recente, as coisas mudaram. Perdão, mudaram muito.

Uma pessoa com a biografia do Presidente Lula chegar à Presidência da República é a prova cabal de que o Brasil mudou. É suprema heresia dizer: mudou para melhor. Um presidente pau-de-arara, ex-dirigente metalúrgico, de um partido de esquerda é a prova dos nove de que a mobilidade social no Brasil tornou-se surpreendentemente alta, ouso dizer, uma das maiores do mundo.

Tempo de rever a Ladainha da Miserabilidade

É muito importante lembrar que, em tempos de mudanças velozes, diagnósticos também devem ser refeitos de forma dinâmica. Um diagnóstico malfeito induz a tratamentos inadequados e errados; não traz a cura e produz efeitos muitas vezes piores que o próprio mal original.

Imagine que você vá consultar um médico e saia de lá com o diagnóstico de câncer, por exemplo, de próstata ou no seio. Pior ainda, já em metástase. No mínimo, a sua autoconfiança ficará abalada e, portanto, sua capacidade de lutar contra a doença ficará também muito enfraquecida. Sabe-se o quanto é importante a determinação do paciente em lutar para que a cura possa ocorrer.

Imagine agora que você vá a outro médico e o novo diagnóstico seja de que o seu câncer está localizado, em um estágio muito inicial, e que as possibilidades hoje em dia de vencer o câncer são muito altas com as novas tecnologias e terapias. Suponha, ainda, que esse médico diga que, curado esse câncer, provavelmente o maior risco provenha do seu estilo de vida – fumante, sedentário, estressado crônico. Note como isso muda tudo de figura.

Veja se as notícias que recebemos no cotidiano não se parecem com o diagnóstico do câncer em metástase:

> *"Mapa da fome: 1/3 do Brasil é miserável."* Pesquisa divulgada pela Fundação Getulio Vargas mostra que a pobreza se alastrou pelas grandes cidades do país" (O Globo, 15 de abril de 2004).
>
> *"Onze milhões foram 'expulsos' da classe média."* Pesquisa da Unicamp revela que de 1981 a 2002 a classe média desabou de 42,53% para 36,3% da população total do país" (O Globo, 14 de agosto de 2004).
>
> *"País tem a nona pior distribuição de renda do mundo, constata a ONU,"* na divulgação do Relatório Anual do Desenvolvimento Humano (O Globo, 8 de julho de 2003).

Essas manchetes tocam em questões graves, certamente, mas, quando vão para o plano quantitativo, erram de forma gritante, e induzem uma compreensão equivocada acerca da agenda de prioridades para o País e para as nossas políticas públicas.

Quero chamar a atenção do leitor para o fato de que a Ladainha da Miserabilidade, representada pelo conjunto daquelas sete afirmações, não é a forma mais realista de interpretar o Brasil que mudou. Na verdade é equivocada. E o meu trabalho nas próximas seções será o de desconstruir mitos e estereótipos a elas ligados e que não têm mais razão de permanecer.

Às vezes, somos vítimas e prisioneiros de visões equivocadas que construímos acerca da realidade. Muitos são os exemplos de construção e de desconstrução de visões de mundo ao longo da História da Humanidade. Aliás, esse é um processo permanente. Por exemplo, durante séculos imaginamos que a Terra era o centro do universo. Foram necessárias gerações de cientistas corajosos a nadar contra a corrente tradicional – alguns deles dispostos a pagar seu testemunho com a própria vida, como fez Giordano Bruno na fogueira – para que a Humanidade, enfim, refizesse seu mapa do cosmo.

A seguir, apresento um caso ilustrativo, de nossa história recente, de como a sociedade brasileira construiu um consenso, transformou-o em um estereótipo e, depois, o desconstruiu.

CAPÍTULO 2
Percepções, distorções e reinterpretações da realidade

Antes de tratar de cada item da Ladainha da Miserabilidade, examinemos, um caso exemplar de como a sociedade constrói, reavalia e aposenta seus clichês.

O modo pelo qual percebemos a realidade ao nosso redor é, em última análise, sintetizado em uma coleção de imagens simplificadas, que acabam por se tornar clichês usados, também, em nossas comunicações. É assim que cada grupo forma seus estereótipos coletivos, os quais, muitas vezes, se transformam em mitos, isto é, em idéias falsas sem a devida correspondência na realidade.

Esse é um processo de construção coletiva que funciona até para simplificar o nosso dia-a-dia. Paris é Torre Eiffel, *croissant*, vinhos; Brasil, para o gringo, é samba, carnaval e futebol. E por aí vai. Afinal, não seria fácil nem confortável viver tendo que, a cada novo dia, partir do zero para construir um referencial atualizado da realidade que nos cerca. Entretanto, pagamos um preço por esse conforto quando deixamos esse referencial desatualizado ou mesmo envelhecido demais.

Quanto mais ignorantes e mais alheios às transformações ocorridas no tempo e no espaço, menos digno de fé é o clichê que construímos a respeito da nossa realidade. E como vivemos um tempo de transformações cada vez mais aceleradas, com mais rapidez a imagem simplificada que fazemos da realidade se torna caduca.

Que os estrangeiros sejam menos velozes para atualizar seus estereótipos do Brasil, tudo bem. O problema é que nós, brasileiros, não podemos insistir em preservar uma visão a respeito de nosso país que não corresponda mais à realidade. O pior é que a visão do Brasil de muitos conterrâneos é mais parecida com a de gringos caipiras, desses que nunca viajaram para fora de sua pequena cidade enterrada no meio-oeste norte-americano.

Paradoxalmente, devo admitir que eu mesmo muitas vezes tenho sido desafiado a ver o Brasil com outros olhos, a partir de toques recebidos de estrangeiros acostumados a viajar pelo mundo afora. Foi visitando favelas do Rio, São Paulo, Belo Horizonte, Recife, com colegas indianos, antropólogos norte-americanos, delegações africanas e empresários japoneses que, aos poucos, percebi que a minha visão de Brasil não dava conta de explicar as transformações apontadas por esses estrangeiros cosmopolitas.

Além disso, ao realizar estudos comparativos de mercado e, sobretudo, de pobreza urbana, em Nova York, Montreal, Londres, Cairo, Joanesburgo, Cidade do México etc. percebi que eu, assim como boa parte do senso comum brasileiro, custo a reanalisar os meus conceitos e atualizar os meus estereótipos a respeito do Brasil e de quais são as nossas questões cruciais.

As questões cruciais de uma pessoa estão muito ligadas à fase de seu desenvolvimento. Assim, essas são diferentes na infância, na adolescência, na idade adulta e na velhice. Nas transições, essas questões mudam sem que tenhamos nos dado conta. A meu juízo, o Brasil transita na confusa faixa do final da adolescência para a idade adulta.

Estamos superando certas questões e outras são colocadas na mesa, e ainda não conseguimos uma imagem clara dessas mudanças.

Vou ilustrar com o que julgo ser um caso emblemático de mau diagnóstico de uma grave questão social. Questão essa que ainda permanece como um passivo social, como uma chaga que persiste a cobrar soluções, mas que está sendo conduzida, pelo menos, de forma mais acertada na atualidade.

Falo do problema dos meninos de rua, que esteve em grande visibilidade internacional por mais de uma década, entre o começo dos anos 1980 até quase meados dos anos 1990. Pretendo usar o aperfeiçoamento da percepção dessa matéria como um caso exemplar de construção e desconstrução de mitos. E mostrar como, no decorrer de quase duas décadas, a convergência e a sinergia entre opinião pública, mídia, formadores de opinião e as pessoas comuns criaram uma visão desproporcional do problema da infância abandonada, o que acabou por causar uma paralisia da sociedade pela dificuldade em lidar com um problema da magnitude imaginada. Em um determinado momento, a sociedade começou a procurar a luz da racionalidade e terminou por colocar o problema em sua perspectiva real, ainda um problema grave, porém não mais um câncer em metástase.

O caso dos meninos de rua

Vamos lá. O problema efetivamente não começou ontem. Há muitas e muitas décadas, o País sabe da tragédia da infância abandonada, de crianças que vivem nas ruas. Afinal, Jorge Amado escreveu inspirado nessa temática o clássico *Capitães de areia*, lançado em 1937 e imediatamente identificado como uma incitação ao comunismo. Por isso, teve oitocentos volumes queimados em praça pública. Em 1981, o cineasta Hector Babenco dirigiu um filme extraordinário e tocante, com uma história fundamentada nessa chaga social: "Pixote, a Lei do Mais Fraco".

Saíamos da ditadura militar, dos tempos de censura, de repressão. Nesse contexto histórico da "lenta e gradual" abertura democrática, redescobríamos a possibilidade da liberdade de expressão e criação, e o cinema era uma das grandes janelas para discutirmos tais coisas, tanto tempo impedidos de ver, falar e discutir. Sobretudo, as nossas questões sociais.

"Pixote..." era um filme sobre a infância, dos meninos abandonados que tinham como perspectiva basicamente o crime. Esse filme tinha ainda a particularidade de contar, como ator principal, com uma criança cujo histórico era paralelo ao de seu personagem. Na verdade, a criança era menos um ator do que um menino pobre a interpretar sua própria vida real. Tanto é que o Pixote da vida real, ao crescer, de fato enveredou pelo crime e morreu nesse tortuoso caminho.

Todos esses elementos – enredo, atores, a linguagem e qualidade hollywoodianas do produto final e o contexto histórico – formaram um coquetel que transformou o filme em sucesso. Mas não foi apenas nacional. Também internacional. Assim, "Pixote..." se tornou um filme emblemático do Brasil em Paris, Londres e Nova York.

O clichê "meninos de rua" passou a fazer parte da imagem do Brasil pelo mundo afora, assim como as queimadas da Amazônia, que vieram a se juntar a outros clichês tradicionais, próprios do país do futebol, do carnaval, do samba, do café e dos generais-gorilas.

Não se poderá jamais afirmar que foi "Pixote..." a bola de neve colocada no topo da montanha que, ao rolar, cresceu, e fez com que a visibilidade da questão social dos meninos de rua atingisse proporção descomunal.

No entanto, já pelo meio da década de 1980, a Unicef (agência das Nações Unidas para a Infância) falava em sete milhões de meninos a vagar pelas ruas do Brasil. Consórcios de igrejas e de entidades filantrópicas internacionais, sensibilizadas por tão grave questão social, passaram a coletar análises, dados e informações e a produzir números os mais diversos. Por exemplo, o Consórcio para as Crianças de Rua (Consortium for Street Children), uma rede associada de 37 ONGs do Reino Unido estimou-os em 8 milhões; a rede de pastorais de crianças de rua, associadas à Internacional Christian Organizations, produziu estimativas mais elevadas: 12 milhões. No entanto, algumas revistas internacionais globais já traziam cifras próximas a 15 milhões; isso, em um tempo em que a população de todo o Brasil, no final dos anos 1980, era em torno de 150 milhões de habitantes. Portanto, de cada dez brasileiros, um deveria ser criança a viver pelas ruas.

Os anos que se seguiram, até o começo dos anos 1990, foram um período em que prevaleceu o consenso de que o Brasil tinha dois problemas gravíssimos e escandalosos, sobretudo para quem via o Brasil de fora: a questão social dos meninos de rua e a questão ambiental da destruição da Amazônia.

Na esteira da democratização do Brasil, após o ocaso da ditadura militar, centenas de milhares de ONGs se estabeleceram no Brasil com os mais diversos e nobres objetivos de acelerar o País na rota da democracia, da justiça social e da restauração e preservação ambiental. Boa parte dessas ONGs tinha como sua principal missão ou agenda a questão dos meninos de rua. Muitas dessas ONGs, como o Movimento Nacional dos Meninos e Meninas de Rua, fundado em 1985, estabeleceram contatos com parceiros internacionais, sobretudo consórcios de igrejas européias, na busca de sustentação financeira para as suas atividades.

Nesse contexto, a percepção pública, tanto nacional quanto internacional, era de que efetivamente tínhamos um exército da ordem de milhões de crianças vivendo nas ruas brasileiras. Se 15 milhões eram uma estimativa forçada, uma estimativa conservadora poderia ser cinco milhões, por exemplo, mas representava, de qualquer maneira, um câncer em metástase avançadíssima.

Na madrugada do dia 23 de julho de 1993, um crime hediondo, de proporções inimagináveis, ocorreu no centro do Rio de Janeiro: oito crianças e adolescentes foram brutalmente assassinados por policiais, nas calçadas onde dormiam. Seguiu-se uma enorme repercussão e comoção nacional e internacional.

A questão dos meninos de rua tornou-se inadiável para a sociedade brasileira e demandava um conjunto de vigorosas políticas públicas inovadoras, eficazes e eficientes. O choque impôs até mesmo a necessidade de maior racionalidade para tratar do problema. Eram necessários números confiáveis para calibrar as políticas e as ações. No começo de 1994, o sociólogo Herbert de Souza, o Betinho, à frente de sua ONG – o Instituto Brasileiro de Análises Socioeconômicas (Ibase) –, matou a charada, ao colocar de pé o ovo de Colombo, de forma surpreendentemente clara e transparente.

Seu raciocínio em suma, primeiro ponto: é preciso fazer uma distinção entre meninos na rua e meninos de rua; os últimos não têm casa e, portanto, dormem na rua. E se dormem na rua, temos de promover cadastramentos noturnos. Segundo ponto: onde eles dormem? Qualquer estudante de assistência social sabe que um grupo de população marginal e de risco, como meninos de rua, sem-teto, mendigos etc., dorme em bandos, como forma de se autoproteger. Além disso, na verdade, não é tão difícil mapear os possíveis locais onde esses grupos se abrigam para passar a noite. Não estão nas favelas ou zonas pobres, mas, em geral, nos centros das cidades ou áreas de muito tráfego, onde, durante o dia, esses grupos podem buscar meios de sobreviver, a esmolar, fazer biscates, como tomar conta de carros, ou mesmo cometendo pequenos delitos. Contrariamente ao senso comum, esse tipo de população marginal, de pobreza urbana, está, por exemplo, no Rio de Janeiro, no centro da cidade, sob as marquises da avenida Rio Branco, da avenida Presidente Vargas, e, nos bairros, em locais como a avenida Nossa Senhora de Copacabana; em São Paulo, sob as marquises do Centro Velho, na avenida Paulista.

Herbert de Souza, o Betinho, propôs então que, primeiramente, fossem mapeadas as ruas onde dormiam grupos de meninos de rua. Em seguida, que se preparassem esquadrões de recenseadores que fizessem, em uma única noite, o censo dessa população.

O resultado foi estarrecedor: menos de 900 crianças de rua foram contadas na cidade do Rio de Janeiro. Em face desse número, o problema tomou outra proporção. Agora seria possível cobrar, de forma inequívoca, que os governos assumissem a sua responsabilidade de se tornar mais eficientes no equacionamento dessa gravíssima questão.

A metodologia do Ibase fez escola. Outras ONGs no Brasil, muitas em parceria com prefeituras, passaram a estimar com mais cuidado o número de meninos de rua. Em 1998, o Banco Interamericano de Desenvolvimento (BID) reuniu para um seminário, em Teresópolis, dezenas de delegados de ONGs e de prefeituras para consolidar os números do problema.[1]

A surpresa não poderia ser maior. Além do choque causado pelos números do Rio de Janeiro, as demais cidades também apresentavam cifras infinitamente menores do que o senso comum esperava. Em São Paulo, por exemplo, foram contados 895 menores no espaço de tempo entre 2h e 5h da madrugada e 4.520 durante o dia. Ao reunir as informações de outras cidades, os números consensuais, para os quais convergiram BID, ONGs e agências de governo, eram de que, no máximo, deveríamos ter, em 1995, em torno de vinte mil crianças de rua nas cidades brasileiras.

Era tempo de refazer a história da cifra de 15 milhões e outros números disparatados que se usavam ao falar em meninos de rua no Brasil.

Nenhuma manchete foi registrada sobre essa descoberta, pelo menos com a repercussão das matérias que falavam em 15 milhões. Ocorre que imprensa e opinião pública são lerdas, preguiçosas e têm muita dificuldade em apreender a realidade de forma racional. Rupturas bombásticas são manchetes, todo mundo fala delas e acabam, muitas vezes, gerando mitos.

Efeitos espetaculosos, tão ao gosto da estética hollywoodiana, como a transformação de uma fotografia de uma turma de crianças de um local modesto, como a Cidade de Deus, em um inacreditável exército infantil a serviço do narcotráfico, tem uma força insuperável em termos de construir uma miragem, um mito, que se torna, então, um clichê, que termina por transformar-se na perversão da realidade.

Aliás, parte da culpa por ainda não termos uma visão mais acurada e atualizada do que é o Brasil contemporâneo pode ser creditada à visão estereotipada de uma poética da marginalidade, de uma estética da perversão e da violência hollywoodiana/tupiniquim, que transforma o bizarro e o perverso em padrões dominantes, em vez de mostrá-los como a exceção que realmente são.[2]

Passemos, agora, a tratar dos mitos e clichês obsoletos da Ladainha da Miserabilidade.

CAPÍTULO 3
Das confusões sobre o tamanho da pobreza no Brasil

O Brasil é um país onde a pobreza é um sério problema. Afirmação absolutamente correta. Entretanto, para que possamos, como sociedade e como governo, atacar a questão de forma eficaz e eficiente, é importante quantificar com acurácia a extensão da pobreza. Para nortear as políticas e as ações visando à mitigação, ou melhor ainda, para a erradicação da pobreza, como todos nós gostaríamos, não bastam as boas intenções. Ocorre que quantificar a pobreza no Brasil – aliás, como em outros países em desenvolvimento – é uma questão difícil, espinhosa e cheia de controvérsias. Quer ver?

Algumas organizações brasileiras tornaram-se referência nas pesquisas acerca da pobreza. Todas essas instituições habitualmente separam a sociedade em dois grupos: os que estão acima e os que estão abaixo da "linha de pobreza". São considerados pobres, ou seja, estão abaixo da linha de pobreza, aqueles que vivem com menos de um dólar por dia.

Usando esses conceitos, especialistas em pobreza produzem números muito divergentes. A Fundação Getulio Vargas (FGV), por meio de seu programa Mapa do Fim da Fome, estima que um terço do Brasil, portanto mais de sessenta milhões de pessoas, vive abaixo da linha da pobreza. Já o Programa Fome Zero do Governo Federal estima 46 milhões de pobres no Brasil, ou 11 milhões de famílias. Por sua vez, a estimativa do Instituto Cidadania do Partido dos Trabalhadores (PT) é 44 milhões. Outra referência de instituição de pesquisa muito respeitada, o Instituto de Pesquisas Econômicas e Sociais (Ipea) do Governo Federal, estima em 22 milhões a população vivendo abaixo da linha de pobreza. Estranho, não é?

Para chegar a números tão díspares, imagina-se que essas instituições usem metodologias muito diversas. Porém, o que elas têm em comum é que – eu sustento com firmeza e segurança! – todas erram na estimativa do tamanho da pobreza do Brasil. Mais especificamente: todas superestimam a dimensão da pobreza brasileira. E vou explicar o porquê neste e nos próximos capítulos.

Para começo de conversa, é preciso entender o que há de comum em todas as análises dessas instituições. Todas se baseiam em dados provenientes da mesma fonte: os números produzidos pelo Instituto Brasileiro de Geografia e Estatística (IBGE). Elas não vão a campo tomar informações diretamente, como entrevistar indivíduos. Para os especialistas em pobreza, o IBGE oferece três conjuntos de dados: o Censo Decenal, a Pesquisa Nacional por Amostragem Domiciliar (PNAD) e a Pesquisa de Orçamento Familiar (POF). As duas últimas pesquisas tomam informações por amostragem, isto é, baseiam-se em um lote considerado representativo de toda a realidade brasileira. Por exemplo, a PNAD entrevista quarenta mil domicílios, um conjunto que permite ter uma compreensão estatisticamente representativa do universo de cinqüenta milhões de domicílios brasileiros.[1]

As instituições interessadas em analisar a pobreza querem quantificar e saber onde estão os indivíduos que podem ser considerados abaixo da linha de pobreza, isto é, aqueles que vivem com menos de um dólar por dia. Ora, essas informações não estão disponibilizadas diretamente nos dados do IBGE, afinal o que os recenseadores do IBGE buscam apurar é a renda dos domicílios. Eles não perguntam a ninguém no Brasil quanto essa pessoa gasta para viver por dia. Eles perguntam a uma pessoa, que se qualifica como o informante do domicílio, qual a renda média mensal total auferida pelos moradores daquele domicílio.

Aqui está o fio da meada que vai ajudar as pessoas leigas a entenderem um pouco da barafunda metodológica que os pesquisadores da pobreza aprontaram. Lembre-se de que esses números de pobreza vão repercutir na opinião pública por meio da imprensa tanto nacional quanto internacional. Quanto mais catastrófico o número, mais chamativo e digno de manchete ele se torna. Prova disso é que o número de sessenta milhões – a mais alta estimativa – tornou-se o clichê quantificador da pobreza no Brasil para revistas e jornais importantes como New York Times, The Economist, El Clarín etc. e também instituições como Banco Mundial, Nações Unidas, ONGs e personalidades internacionais. Políticos na oposição, quando querem realçar o fracasso da situação frente às questões sociais, sempre se baseiam no número mais elevado para seu bordão eleitoreiro.

O IBGE é uma instituição altamente competente e séria, que segue um padrão mundial de excelência. Mas, como todas os seus pares mundiais, comete um erro metodológico grave na tentativa de apurar a renda dos indivíduos. E esse erro se propaga na mão dos especialistas em pobreza e explode em alguns tipos de análises canhestras, como a realizada pela FGV. Daí a superestimação do tamanho da pobreza.[2]

Onde está o erro metodológico da apuração de renda? Para encurtar uma longa história, um recenseador ou pesquisador vai ao domicílio, pede para falar com o responsável e, então, faz-lhe a pergunta: "Quanto tem de renda mensal total em média nos últimos 12 meses este domicílio?" A resposta anotada é produto de uma declaração espontânea do representante do domicílio, sem necessidade de comprovação.

É assim, mesmo, se você for ao *site* do IBGE e baixar de lá os questionários usados pelos recenseadores, vai ver que é assim mesmo!

Mesmo que estejamos tratando de pessoas de categorias socioeconômicas mais elevadas, que sabem exatamente quanto dinheiro entra em suas casas, trazido pelo esforço coletivo dos que ali habitam, qualquer analista de mercado sabe que renda declarada espontaneamente sempre é menor do que a real.

Não apenas no Brasil, mas em qualquer lugar do mundo, indagar a renda – que em última análise é perguntar "quanto você ganha?" – é o mesmo que inquirir das mulheres de antigamente suas idades. No século XIX, o escritor inglês Oscar Wilde dizia: "Desconfie de uma mulher que confessa estar dizendo sua idade verdadeira, se ela diz isso, então, dirá qualquer coisa". Nunca pergunte a renda a ninguém, ninguém gosta de dizer quanto ganha. Analistas de mercado que trabalham para as empresas procurando entender o consumo dos indivíduos e das famílias sabem disso. Esses profissionais, diferentemente dos analistas e pesquisadores da pobreza e também do IBGE, não acreditam em apuração de renda feita por meio de entrevistas com declarações espontâneas.

Os especialistas da pobreza acham que dividindo a renda média mensal do domicílio pelo número médio de moradores, eles chegarão ao que as pessoas têm para gastar por dia. Os analistas de mercado consideram verdadeira fantasia metodológica o que fazem seus colegas especialistas em pobreza. As pessoas pura e simplesmente não gostam de dizer quanto ganham. Por outro lado, elas não se opõem, em geral, a falar sobre como gastam seu dinheiro, ou seja, sobre seu estilo de vida. Essa é uma característica da moderna sociedade de consumo.

Mas, há mais erros ainda na metodologia de apuração de renda.

O problema não é só a tendência de as pessoas declararem menos do que realmente ganham. A qualidade da informação prestada pelo declarante torna-se ainda mais deteriorada à medida que aumenta o nível da informalidade existente na economia nacional em que é apurada a pesquisa. A pergunta "sua renda mensal" é absolutamente improcedente para países onde, como o Brasil, a informalidade atinge quase 60% dos trabalhadores. Ninguém na informalidade tem renda consistente para afirmar o quanto ganha mensalmente, ou muito menos a "renda média mensal nos últimos doze meses".

Por essa razão, as pesquisas de mercado, que são realizadas com o objetivo de ajudar as empresas a medir a penetração no mercado de bens e serviços e para poder planejar suas metas, usam como indicador o consumo. É muito mais tangível para o entrevistado responder se tem DVD ou videocassete, se tem um ou dois aparelhos de TV, se possui ou não plano de saúde, carro, escolaridade, do que falar sobre renda mensal.

E quando se comparam os dados de consumo com os dados de renda o que temos, não só no Brasil como em outros países emergentes onde a informalidade é alta, é o paradoxo de um balanço que não fecha: o consumo por domicílio é muito maior que a renda apurada. É por isso que marqueteiros e analistas de mercado preferem trabalhar com indicadores de consumo do domicílio e classificam o poder de compra do domicílio (classes socioeconômicas A1, A2, B1, B2, C, D e E) com base em dados de consumo e não de renda.[3]

Quem não consegue distinguir direito acaba por misturar tudo: renda, consumo, pobreza e economias, formal e informal. Daí nascem exageros que se tornam cada vez mais grotescos, e até mesmo injustificáveis, como no caso do Mapa do Fim da Fome, em que pesquisadores de uma instituição tão renomada quanto a FGV cometem o erro de promover a correlação entre subnutrição e renda. É esse o erro que transforma o câncer pontual em câncer em metástase.

Tem mais algo que deve ser considerado seriamente. A linha da pobreza, assim como a linha da afluência e da riqueza, é um alvo móvel na história da Humanidade, que sofre uma aceleração vertiginosa da segunda metade do século XX. Alvo móvel? Isso, está sempre a se mover.

Muita coisa mudou e vem mudando. Nós precisamos começar a separar o que é verdadeiramente pobre do que é baixa renda. O que é vulnerabilidade social do que é informal, e por aí afora. Quer ver, por exemplo, como não dá para continuar a ver favela como sinônimo de pobreza?

A favela das décadas de 1960 e 1970 mudou nos últimos 25 anos. Naquela época, em uma cidade como o Rio de Janeiro, ou eram comunidades de barracos de zinco e papelão no alto do morro ou palafitas no espelho-d'água da baía da Guanabara. Veja a evolução dos padrões de moradia em favela no Rio de Janeiro. Em 1969, só 37% dos barracos eram de alvenaria; hoje, 97% são de alvenaria. Naquela época, só 48% das habitações tinham luz; hoje, 96% têm energia elétrica (eu aposto como o restante tem pelo menos um "gato" da rede pública.) Lembra-se do verso da música, "lata d'água na cabeça, lá vai Maria, sobe o morro e não se cansa"? Pois é, em 1969, apenas 29% das residências em favelas tinham água encanada; hoje, são 96%. As palafitas da baía da Guanabara praticamente desapareceram e as zonas de risco nos morros foram todas mapeadas e ganharam obras de contenção.

Nos anos da década de 1960, não havia praticamente nada de eletroeletrônicos nos domicílios em favela no Rio de Janeiro. As análises de posse de bens de consumo registraram em 2001 que 14% desses domicílios tinham carro, 22% tinham microondas, 48%, lavadora de roupa, 48%, vídeo VHS, 79%, som estéreo, 89%, liqüidificador, 98%, TV e 96%, geladeira.[4]

O estereótipo da favela como o endereço da miséria não corresponde mais à realidade.

Separar o joio do trigo e estimar o tamanho real da miserabilidade

Na verdade, a miséria urbana não tem o gigantismo arengado pelos profetas do fim do mundo nem pelos políticos em campanha. Exemplo: o cadastro de moradores de rua, organizado em 2003 pela Prefeitura de São Paulo, contabilizou 10.394 pessoas, em uma cidade com mais de nove milhões de habitantes.

Cadastro de moradores de rua? Isso mesmo. Esse é um grande avanço no nosso sistema de governo. Governar é algo complexo que a sociedade vai aprimorando ao longo do tempo. Assim como, aos poucos, implantamos a Lei de Responsabilidade Fiscal, que, em última análise, é aquela regra simples que nossas mães nos ensinaram – não gastar mais do que se ganha – que passa a ser aplicada ao governo; várias cidades criaram e continuam a aprimorar procedimentos para lidar com as questões sociais de forma mais eficaz e eficiente. Por exemplo, a lei orgânica do município de São Paulo estabelece que toda administração deverá ter, até o terceiro ano de sua gestão, um cadastro de todos os moradores de rua. Se você tem um número que quantifica o problema, é mais fácil estabelecer metas, orçamentos e ações para atacá-lo.

E onde estão estimativas mais confiáveis acerca do tamanho da pobreza no Brasil alternativamente às estimativas de 60, 46, 44 e 22 milhões de pessoas vivendo abaixo da linha de pobreza apresentadas no início deste capítulo? Em minha opinião, dentro da própria comunidade de pesquisadores da pobreza, existem estudos mais sensatos que apontam uma outra dimensão do problema. Um exemplo?

Sonia Rocha é uma economista, pesquisadora da FGV, que há vinte anos se debruça sobre as contas da pobreza. Sonia é autora do livro *Pobreza no Brasil – Afinal de que se trata?* (Editora FGV), que estima em 17 milhões o número de indigentes, aqueles que não têm o mínimo para suprir suas necessidades alimentares.[5]

Sonia diz aquilo que todo profissional de assistência social sabe: que pobreza, indigência e desnutrição são categorias diferentes, que representam análises diferentes e levam a implicações de política social completamente diversas. Pelos seus cálculos, o principal erro do Fome Zero é propor o remédio certo para o problema errado. Fome, garante, se combate com prioridade a mães e crianças até cinco anos. Sonia estima, ainda, que tenhamos 38 milhões de brasileiros que são pobres, isto é, têm renda insuficiente, mas que a pobreza no Brasil não é africana. Entre os pobres brasileiros, 69% vivem em domicílios que têm TV em cores. É pobre em termos, a renda é insuficiente, o que não quer dizer que as condições de vida sejam desesperadoras. Existe, sim, o problema de regularidade da renda, que afeta cada vez mais as pessoas, não só os pobres no Brasil, e é conseqüência dos problemas no mercado de trabalho.

Sonia estima, ainda, que são sete milhões os pobres que habitam as 224 cidades com mais de 100 mil habitantes. Ou seja, podemos concluir que, a pobreza está exposta nos principais logradouros públicos ou então escondida nos confins dos grotões.

Eu acrescentaria que o senso comum, aonde os políticos vão, afinal, beber a água para se inspirar a fim de fazer as suas promessas, precisa acordar para entender que "pobreza" carece ser mais bem-definida, que a definição baseada na renda, ou mesmo na desigualdade de renda, não ajuda, pelo contrário.

É preciso avançar mais, para focalizar melhor o que é ser uma vítima da pobreza. O que é verdadeiramente vulnerabilidade social; o que é problema mental; o que é desajuste social, desestruturação familiar; o que é alcoolismo, droga; o que é desnutrição; o que é desempregado crônico; o que é subempregado etc. Sem isso, continuaremos a ter uma visão binária, preto ou branco, zero ou um, que não consegue captar a verdadeira natureza do problema.

Uma percepção contra-intuitiva acerca das favelas

São Conrado é um bairro residencial classe A do Rio de Janeiro, imprensado entre a montanha, o mar e o complexo da favela da Rocinha. Ao passar por ali de carro, vindo da Barra da Tijuca e quase ao entrar no túnel Dois Irmãos, hoje chamado Zuzu Angel, fica-se de frente para a Rocinha. É uma visão fantástica a forma como a urbanização na encosta é adensada.

Para muitos, é uma visão perturbadora, que enche de receio e de preocupação muitos dos que trafegam na via expressa. Mais de uma vez, já ouvi de amigos: "É... no dia em que esse povo descer..." Devo admitir que já compartilhei esse tipo de visão. Hoje, tenho outro tipo de perspectiva. Quando exposto a um comentário como esse, repito o que ouvi de uma antropóloga amiga minha, acostumada com a realidade de territórios urbanos de baixa renda pelo mundo afora: "Eles não vão descer, porque estão subindo na vida, sem você perceber." O que me fez mudar de opinião? Duas experiências pessoais.

A primeira, o fato de ter podido conhecer mais de perto as próprias condições de locais de grandes favelas pelo Brasil afora, ao trabalhar como consultor das Nações Unidas. A segunda, trabalhar como consultor de *marketing* para grandes empresas interessadas no mercado popular, potencialmente existentes nesses locais. Junto à Organização das Nações Unidas (ONU), meu objetivo era a promoção do desenvolvimento e o alívio da pobreza; com o setor privado, meu objetivo era buscar potencialidades de consumo, isto é, detectar os possíveis mercados consumidores para os meus clientes.

Como consultor da ONU, além de ter acesso e assistir ao cotidiano e ao modo de viver dessas comunidades, tive a inestimável oportunidade de levar estrangeiros para visitar as favelas, estrangeiros estes habituados a trabalhar em desenvolvimento, programas sociais e coisas do gênero, pelo mundo afora. Gente que sabe que baixa renda e pobreza não são desgraças sociais de países da África ou da América Latina. Foi esse tipo de pessoa que me fez reavaliar a visão superficial e estereotipada que eu tinha formado acerca das favelas, visão essa tradicional da maioria dos brasileiros – é importante que se diga.

Meu espanto começou quando percebi que, ao visitar locais como o Complexo da Maré, especialistas em desenvolvimento, sobretudo os de africanos e indianos, sempre me falaram que esses territórios deveriam ser considerados "bairros populares" e não *shantytown*, que significa, literalmente, em inglês, cidades de casas de madeira de gente pobre. Ou seja, outros olhos cosmopolitas não validavam mais a condição de pobreza absoluta que eu queria passar para os nossos visitantes, como retrato inequívoco de nosso perverso sistema.

Outro *insight* ocorreu ao conversar com uma antropóloga norte-americana, pessoa que passou pelo menos quatro décadas de sua vida viajando pelo mundo, estudando antropologia urbana e focando sobretudo comunidades mais pobres. Essa amiga descortinou para mim coisas que nós, brasileiros, tanto em termos de senso comum, quanto os especialistas, como arquitetos e urbanistas, desconhecemos: os verdadeiros padrões da habitação popular das favelas.

O senso comum fica muito assustado com a aparência exterior das residências, hoje em sua maioria de alvenaria, que não têm, porém, acabamento. Para nós, representantes do senso comum, a falta de reboco ou pintura significa miséria. Ocorre, teve a paciência de explicar a minha amiga antropóloga, que a residência em favela é uma construção permanente. Migrantes que vieram nos anos de grande fluxo migratórios para o Sudeste, década de 1960 até os anos 1980, começaram com barracos. Substituíram zinco, latas, caixões, papelão, madeira por alvenaria. Receberam parentes e fizeram ampliações. Os filhos cresceram e começaram a verticalizar suas residências. Diz ela que um núcleo familiar dentro da favela, em termos de habitação, mais se assemelha a um complexo multidomiciliar que abriga uma espécie de clã. Ao longo desse tempo, além de ampliar os metros quadrados construídos, seus moradores investiram na compra de bens de consumo (eletrodomésticos, em especial).

A falta de acabamento não está correlacionada à miséria e à precariedade de condições. Está correlacionada a prioridades da condição de baixa renda e informalidade. Termina minha amiga dizendo que deveríamos parar de estigmatizar a favela como o *locus* da pobreza, de vitimar os seus moradores e entender que o problema central da existência dessa gente não é pobreza, mas sua condição de reféns do tráfico.

A boa nova, que também estamos ainda por absorver plenamente, é que graças a uma nova percepção coletiva da natureza do problema, os governos, instituições internacionais de fomento ao desenvolvimento, como o Banco Mundial e a ONU, acabaram por convergir para uma visão positiva de que as favelas são o urbanismo de emergência, criado por processos acelerados de migração do campo para as cidades. Necessário agora é fazer melhorias urbanísticas para tornar o "provisório-inaceitável" em "permanente-aceitável".

Resultado: todas as cidades brasileiras possuem programas de curto, médio e longo prazos de melhoria de condições de infra-estrutura de áreas, de favelas e de assentamentos de baixa renda. Programas como o Favela-Bairro, do Rio de Janeiro, e seus análogos em outras cidades, são a regra que deverá ao longo das primeiras décadas do século XXI realizar o que foi feito, por exemplo, em Londres há quase cem anos.

Hoje, ainda é relativamente comum uma funcionária de escritório de uma grande empresa, por exemplo, uma secretária, omitir que seu endereço residencial é no Complexo do Alemão, na Rocinha, na Maré etc. por causa do estigma que ainda paira sobre esses lugares. Provavelmente, em mais umas décadas isso estará mudado. A favela será um bairro como outro qualquer.

Tenho certeza de que quando avançarmos na questão da segurança pública e asfixiarmos o tráfico nas favelas, um grande desenvolvimento econômico adentrará o território das favelas. Franquias, serviços, agências bancárias, supermercados etc. vão levar conveniência e gerar trabalho. Espere e verá.

Mas, por hora, parece ser muito complicado desfazer esse estereótipo de que favela é pobreza, não é? O que mantém assim tão forte essa visão para o senso comum?

A anatomia da manutenção do mito da pobreza (Como Hollywood ajuda – e como ajuda! – a projetar uma visão pervertida da realidade)

A construção coletiva do sentido de uma idéia, isto é, da racionalidade senso comum, é, em última análise, um processo de formação de consenso de opinião pública. Este é um complexo processo em que diversos participantes interagem ao longo do tempo e do espaço.

Quando um menino pede esmola no sinal, na nossa cabeça não vemos apenas aquele menino dizendo "Tio, me dá um trocado". Diversas bases de dados armazenadas em nossos neurônios são acessadas, enquanto o nosso corpo e a nossa mente, juntos, produzem uma coleção de reações, que podem ser medo, pena, raiva, culpa, indiferença. Vêm à nossa cabeça notícias de jornais sobre problemas sociais, a campanha da fome, algum documentário da TV, filmes como "Cidade de Deus", "Ônibus 174", "Carandiru" etc..

Podemos tentar até abstrair do menininho no semáforo, mas sabemos que temos algo ali que diz respeito a todos, como seres humanos e cidadãos. Felizmente. Apesar das vozes dos cínicos e dos céticos, sabemos que aquilo não é natural. Pelo contrário, temos um senso comum mais avançado, mais solidário, desenvolvido no decorrer de décadas como sociedade que procura buscar soluções para as questões sociais.

Quando refletimos sobre o quadro relatado, sejamos nós colunistas de jornais de massa, cineastas, pesquisadores sociais, políticos, ou mesmo cidadãos comuns, temos um julgamento convergente porque somos parte de uma sociedade que partilha consensos. Ao longo dos últimos dez mil anos, fizemos uma grande jornada desde os tempos em que a Humanidade vivia dispersa em tribos ou clãs, que julgavam os diferentes como um alvo a ser destruído, saqueado ou escravizado. E temos fé de que nosso futuro não é a barbárie. (Quer dizer, há exceções.)

O senso comum superestima o tamanho da pobreza, mas esse é um equívoco mundial. A Humanidade está, sim, conseguindo vencer a batalha da pobreza absoluta, até mesmo na África. É preciso reconhecer onde acertamos e onde erramos. No começo do século XX, éramos um bilhão de moradores sobre o planeta. Somos, hoje, seis e meio bilhões. Não será possível, em tão curto espaço de tempo, criar condições semelhantes para todos em um padrão homogêneo de sociedade afluente, como a Escandinávia, por exemplo.

A sensação de que estamos perdendo a guerra contra a pobreza precisa ser revista, sob pena de não conseguirmos entender claramente os desafios que se posicionam à frente da Humanidade nesse novo século.

Quando o menininho vem pedir esmola no sinal, tendemos a pensar que mundialmente existem bilhões de vítimas, exatamente como ele. (Calma, leitor, não me acuse de insensível frente aos problemas sociais e de querer subestimar a desgraça de seres humanos para me sentir mais confortável. Dê-me sua confiança por mais alguns parágrafos.)

O começo do grande mal-entendido acerca do tamanho da pobreza nasce da idéia de se querer quantificar a pobreza, com base na pergunta que é feita sobre quanto um domicílio tem de renda mensal como mencionei no começo deste capítulo.

Os dados fornecidos pelo governo brasileiro são consolidados com os fornecidos pelos governos de outros países, por organizações multilaterais de desenvolvimento, como o Banco Mundial, e as agências da ONU (PNDU, UNICEF etc.). Essas agências produzem relatórios anuais, divulgados com alarde pela grande imprensa internacional.

Os jornalistas que recebem um *press-release* do Programa das Nações Unidas para o Desenvolvimento (PNUD) ou do Banco Mundial, e que traz os desconcertantes dados sobre a pobreza, acreditam na autoridade dessas instituições para criar suas manchetes. As manchetes tornam-se um espetáculo midiático e alimentam percepções equivocadas e a ilusão do chamado senso comum, e em especial dos políticos, os quais, naturalmente, disputam em torno da questão de grande apelo eleitoral. Dificilmente, os jornalistas têm oportunidade de confrontar pesquisas de renda com pesquisas de consumo. E segue o desalentado círculo vicioso da desinformação. Pior ainda, da manutenção de uma visão errada acerca dos desafios.

No caso da indústria do entretenimento, a verdade verdadeira pouco importa. Acontecem simplificações e manipulações de roteiro, as edições que se prestam a criar produtos altamente massificados como filmes, livros, nos mais rentáveis possíveis. Longe de mim querer fazer acusações de patrulhamento ideológico ou dizer que o cineasta A ou B faturou em cima da miséria. Pretendo apenas mostrar um ângulo diferente da questão.

O que você sabe sobre a Cidade de Deus, bairro carioca de baixa renda? Provavelmente, se você não mora no Rio, você sabe da reputação de violência do lugar, mas sabe provavelmente por causa do filme do mesmo nome.

Nas entrevistas feitas na esteira de divulgação e dos comentários a respeito do filme, o documentarista João Moreira Salles, que também tem seu filme sobre o tráfico de drogas, disse: "Daqui a vinte anos, quando meu filho me perguntar: 'Papai, como era o Rio de Janeiro ou as grandes cidades brasileiras?', eu vou dizer: 'Olha, lê *Cidade de Deus*, porque está tudo ali, entendeu?'" Será mesmo? pergunto eu. Só vejo uma explicação: aquela história do Joãosinho Trinta, o grande e genial carnavalesco, que fala da paixão do intelectual brasileiro pela pobreza.

Cidade de Deus é um bairro de baixa renda. Até aqui com essa afirmação não corremos muitos riscos de cometer erros. Mas será que o filme, com suas licenças poéticas – talvez mais comerciais que poéticas – não estaria induzindo o senso comum em uma direção errada, ao transformar o bairro num ícone da violência? Talvez pelo fato de ter "deus" no nome, Cidade de Deus seja um bom nome para uma história de violência. Talvez... No entanto, Cidade de Deus no *ranking* dos bairros violentos do Rio está no 61º lugar. Não contei os mortos do filme, mas estatisticamente seriam 13 por ano os mortos por violência na Cidade de Deus, segundo as estatísticas de segurança pública.

Imagine você como um dos cerca de quarenta mil moradores de lá, que residisse em um dos quase 11 mil domicílios, que tivesse uma vida apertada e se "virasse" para criar os filhos com dignidade. Quem olha outros números, como os serviços de água, luz, esgoto, coleta de lixo, 11 escolas públicas municipais, com 6.364 alunos matriculados, e uma estadual etc. percebe logo que é meio "forçação de barra", uma licença poética muito fantasiosa pegar uma foto com mais de duas dezenas de garotos com arma na mão e transformá-la em pôster de divulgação nacional e internacional.[6]

O nível de escolaridade dos moradores da Cidade de Deus, de acordo com dados disponíveis pela prefeitura e ainda referentes a 2000, mostra que dos, responsáveis pelos domicílios, mais de 7 mil terminaram o ensino fundamental, mais de 3 mil concluíram o ensino médio, quase 300 têm curso superior e oito têm mestrado. Adultos analfabetos somam quase 1.800. Portanto, algo próximo a 4% da população total.

Se eu morasse na Cidade de Deus, se fosse proprietário de meu imóvel quitado – situação de mais de 8 mil pessoas e 82% dos domicílios de lá – realmente estaria torcendo para que o filme caísse logo no esquecimento. Afinal, o sucesso de "Cidade de Deus", o filme, contribui para estigmatizar ainda mais a comunidade.

CAPÍTULO 4
Questionar o campeonato mundial da desigualdade de renda

Organizações internacionais de fomento ao desenvolvimento produzem anualmente relatórios em que são cotejados os progressos realizados por todos os países. O Banco Mundial publica o mais antigo e o mais famoso desses relatórios, o Relatório do Desenvolvimento Mundial, o qual, fundamentalmente, analisa a realidade sob a ótica de indicadores macroeconômicos fornecidos pelos governos nacionais (Produto Interno Bruto – PIB), renda *per capita*, produção, exportação, importação etc.)[1]

Há uma década, o Programa das Nações Unidas para o Desenvolvimento (PNUD) resolveu criar uma metodologia que considerasse o desenvolvimento não apenas do ponto de vista meramente econômico, mas que também levasse em conta outros aspectos. Por exemplo, medir progressos relativos à vida das pessoas, como longevidade, escolaridade; questões relativas ao avanço das instituições democráticas, direitos humanos; questões ligadas à promoção de igualdade para as mulheres; e sustentabilidade ambiental, isto é, o respeito e a recuperação do meio ambiente etc. Com essa intenção, o PNUD criou o Relatório Anual de Desenvolvimento Humano, no qual os países são classificados por mais de uma centena e meia de indicadores que, juntos, compõem o famoso Índice de Desenvolvimento Humano (IDH).

No relatório sobre Desenvolvimento Mundial 1999–2000, do PNUD, o Brasil apareceu como o vice-campeão mundial da desigualdade de renda, com medida baseada no chamado Índice Gini, perdendo apenas para Serra Leoa. Viemos melhorando, *ma non tropo*. De acordo com o Relatório do PNUD de 2003, passamos para a nona pior posição.

Trabalhei, como já disse, por vários anos como consultor do PNUD. Sempre fui um fã do IDH, mas sempre achei, também, que relativamente a certos indicadores, tinha "dente de coelho" na questão. Tudo bem em comparar a expectativa de vida ao nascer, isto é, a longevidade média entre dois países. São parâmetros absolutos: número de pessoas, idades e continhas. Mas a coisa complica na questão de desigualdade de renda, isto é, os percentuais da riqueza nacional que são distribuídos entre os mais ricos e os mais pobres, comparando países absolutamente distintos do ponto de vista de estágio de desenvolvimento econômico, dimensões geográficas e demográficas, estilos de vida etc. Por exemplo, não sei se haveria sentido em comparar, em uma tabela, a distribuição de renda de países como Serra Leoa, com seus 5.700 milhões habitantes, 61% morando na zona rural, com países como o Brasil, com 184 milhões de habitantes, 85% no setor urbano, e como os Estados Unidos (EUA), com 293 milhões etc.

Existem vários indicadores, entre os usados, para se chegar ao cálculo do IDH e que podem ser aceitos como medida de progresso, porque são baseados em uma metodologia consistente. Mas esse indicador de desigualdade de renda não pode ser aceito com credibilidade. Na verdade, da mesma maneira que uma instituição respeitável como a FGV "pisa na bola" quando faz o Mapa do Fim da Fome baseado na renda declarada, o PNUD "escorrega na casca de banana" quando produz o índice de desigualdade de renda. A metodologia é simplesmente incoerente e disparatada.

Por onde passo, alerto meus amigos da comunidade de desenvolvimento a que reflitam sobre isso. Acho bom o PNUD rever essa barafunda metodológica, antes que algum jornalista mais antenado resolva fazer o dever de casa da checagem com mais rigor da metodologia utilizada e coloque a instituição, então, numa "saia justa".

As grandes instituições, muitas vezes, continuam a cometer os mesmos erros, anos a fio, simplesmente porque sua estatura e autoridade inibem questionamentos de quem é de fora (Na maioria das vezes, quem é de dentro das instituições simplesmente não questiona ou por mero corporativismo ou medo de perder o emprego). E aí vale a força do *press-release*, que vira manchete catastrófica no dia seguinte. Além disso, o senso comum tem dificuldades de questionar argumentações que apresentam números, matemática e estatística, e acaba por acatar sem maiores delongas o que diz a dita autoridade, pois fica intimidado por sua aparente sapiência...

E onde está o problema nesse campeonato mundial de desigualdade de renda? Quem pegar as páginas, Desigualdade de Renda do relatório IDH do PNUD, vai ver que a classificação é feita em cima do tal Índice de Gini. Não se apavore nem se intimide por equações que ganham nomes pomposos. Encurtando a história, a fim de poupar o leitor do dissabor de ter de encarar os chamados – digamos assim – detalhes picantes matemáticos e estatísticos, podemos simplificar ao apontar que o tal índice é uma conta, uma equação, feita considerando-se a proporção da renda nacional que fica na mão dos mais ricos de um país com a proporção da renda nacional na mão dos mais pobres.

Você já viu, caro leitor, em outras partes, como mostrei, que renda é um indicador sumamente inconfiável para se conhecer, de fato, a realidade. Só para relembrar: se eu perguntar para você quanto é a renda mensal de seu domicílio, você vai dar um sorriso amarelo e desconversar. Mas se eu perguntar se você tem carro, qual o ano, quantos aparelhos de TV, e coisas relativas a consumo, você responde na bucha, sem pestanejar. Lembrou? Consumo é mais fácil, tangível, e sua apuração não esbarra em obstáculos, como a má vontade das pessoas em revelar publicamente algo que elas não gostam ou não querem, como a idade, por exemplo. Por isso, o consumo é mais confiável do que a renda.

Ora, o problema da apuração do índice de desigualdade de renda já começa com o fato de que os fatores usados na equação são basicamente indicadores de renda, fornecidos pelos governos nacionais.

Além de a renda ser essa coisa subdimensionada, porque os declarantes ou não querem ser precisos, ou pertencem à economia informal, e, portanto, não têm idéia de média mensal, no caso dos relatórios do Banco Mundial e do PNUD a coisa vira o "samba do crioulo doido", quando países muito distintos são cotejados.

Os dados que entram na equação para produção do índice de cada país são de datas diferentes. Por exemplo, no Relatório de Desenvolvimento Humano de 2003, os dados usados para países escandinavos foram dados de 2000, os da Holanda, de 1994, os do Brasil, de 1998, os de Serra Leoa, de 1989. Isso mesmo, compara-se o Brasil de 1998 com Serra Leoa de 1989.

No entanto, mais grave do que isso: para alguns países, como não existiam dados de renda, foram utilizados os de consumo. (Os dados de Serra Leoa foram de consumo.) É o famoso caso de "não tem tu, vai tu mesmo"! Tudo por amor de um *ranking* mundial. (É sabido, no PNUD, que os especialistas que criaram o IDH relutaram muito em criar o *ranking* mundial, mas como a direção do PNUD queria por que queria algo dessa natureza, criou-se essa coisa sem pé nem cabeça de classificação do campeonato do progresso.)

Pesquisa de consumo exige muito mais sofisticação, pois tem de estar referenciada em padrões de consumo que mudam regionalmente. Só de curiosidade, quem foi fazer pesquisa de mercado lá em Serra Leoa, em 1989? Esse é um caso típico de estatística que todo mundo cita, sem saber o que tem lá dentro.

Chegou a hora de reformar a metodologia de apuração do tamanho da pobreza. A pobreza é menor do que imagina o senso comum em boa parte dos países analisados. Diagnosticar corretamente, em qualidade e quantidade, é fundamental para propor políticas públicas eficazes e eficientes. Os órgãos multilaterais devem rever sua metodologia e demandar dados mais consistentes dos governos nacionais. Os governos nacionais e os políticos devem entender que o indicador de renda não permite focalizar e criar matizes para o problema da pobreza. Devem entender que existem outras maneiras de detectar as verdadeiras vulnerabilidades sociais que justificam a assistência social. A imprensa deve procurar entender que sua responsabilidade, se quer mesmo ter credibilidade, vai além de divulgar *press-releases*; por isso, deve checar e questionar os diagnósticos e metodologias de apuração.

Aliás, à imprensa cabe evoluir no sentido de aplicar métodos de inteligência (inteligência no sentido de análise de informação e dados), para apurar acontecimentos e produzir visão prospectiva, isto é, ter capacidade mais preditiva dos possíveis desdobramentos dos acontecimentos.

Se a imprensa não mudar essa forma de produzir jornalismo, continuará a sofrer daquilo que o grande jornalista sênior Zuenir Ventura sintetizou recentemente: "Nós, jornalistas, temos que admitir, fazendo um *mea-culpa*, que, em matéria de antecipar acontecimentos, somos craques mesmo é em prever o passado". [2]

CAPÍTULO 5
Do Brasil-Belíndia ao Exército de Formigas Consumidoras[1]

Belíndia: O Brasil dos "Anos Dourados"

Era uma vez, nos loucos anos 1970, um país que tinha noventa milhões e habitantes e que virou tricampeão mundial de futebol. Do ponto de vista da democracia, o panorama da vida nesse país era muito triste. Sob ditadura militar, ninguém escolhia presidente, nem governador, nem nas grandes cidades se escolhia prefeito. Até mesmo senadores eram nomeados pelo general de plantão e seu grupo de apoio. Apesar disso, a economia do país crescia fortemente.

O governo militar aproveitava que não tinha que prestar contas a ninguém – e seguia os conselhos de seus economistas – e inventava mil e uma empresas estatais, grandes empresas cujos nomes, via de regra, terminavam com o sufixo "brás" (Telebrás, Nuclebrás etc.). E a velejar seguia sob condições internacionais favoráveis, tanto em termos de juros, quanto em termos políticos. Os generais-gerentes, inspirados pelo *slogan* "desenvolvimento & segurança", realizavam obras a torto e a direito, do jeito que queriam, sem licitação mesmo. Construíam metrôs, pontes, represas, e outras megaobras, como a rodovia Transamazônica, ponte Rio–Niterói e por aí afora.

De novo, para encurtar a história, uma parcela da população brasileira começou a entrar no Paraíso, ao som de *slogans* ufanistas, como aquela canção que fez muito sucesso: "Este é um País que Vai pra Frente". Era o estrato social entre o povão e a parcela que sempre foi de primeira classe. Esse estrato social, a tal da classe média, começou a experimentar o gostinho de subir rápido na vida.

A universidade pública e gratuita expandiu-se de forma vigorosa e passou a ser a grande possibilidade de ascensão social para os filhos dessa classe média urbana. Ainda na universidade, os filhos desse estrato socioeconômico que se comportassem direitinho – isto é, que não caíssem na besteira de se opor ao regime militar – poderiam sonhar com empregos muito bem remunerados, sobretudo nas estatais que acenavam para esses jovens antes mesmo do término de seus cursos.

Para esse segmento social, o futuro parecia de ouro. Financiamento barato para comprar a tão sonhada casa própria. Comprar carro zero. Melhor ainda que isso, ter a perspectiva de trocar por outro carro zero quase todo ano.

Mas, veja bem. Essa classe média não era assim tão significativa do ponto de vista quantitativo. O Brasil, para quem olhasse os números macroeconômicos, era ainda muito pequeno como mercado de massa.

Uma empresa produtora de bens de consumo, que vende TVs, aparelhos de som, ar condicionado etc., sempre olha o tamanho do mercado pensando no número de domicílios que já têm o que é fabricado e os domicílios que poderão comprar nos próximos anos o seu produto. Nós éramos noventa milhões de brasileiros no começo dos anos 1970. Desse total, 51 milhões viviam nas cidades. Ou seja, há bem pouco tempo é que o fiel da balança entre o mundo urbano e mundo rural começou a perder para o setor urbano.

Ao considerar domicílios como unidades de consumo, na prova dos nove, o mercado potencial não era lá grandes coisas. Se no total existiam algo como 16 milhões de domicílios no Brasil, aí pelo começo dos anos 1970, tínhamos em torno de 300 a 500 mil domicílios de classe A, o topo da pirâmide consumidora. Havia algo que oscilava entre 2,6 e três milhões de domicílios da tal classe média. O resto girava entre 12,5 e 13 milhões de domicílios de pobres, favelados, encortiçados, pés-rapados, paus-de-arara, malandros, "zé-ninguéns" etc., que ficavam fora do mercado de consumo.

Para quem tem saudades dessa época, que fala do tempo em que a escola pública era boa, do serviço público como promissora carreira, das vagas nas estatais, certamente essa pessoa não estava na camada socioeconômica do andar de baixo. Para ela, a perspectiva era esperar para ver o "bolo crescer para depois repartir", como repetia o sempre presente em ministérios militares Ministro Delfim Netto.

Tanto era assim, que um economista chamado Edmar Bacha, quando foi defender sua tese de Ph.D em uma universidade norte-americana, criou um belíssimo nome para o Brasil daquela época que ficou como referência nacional e internacional para designar nossa condição: Belíndia, a conjugação da riqueza da minúscula Bélgica com a miséria da gigantesca Índia.

A classe média do Brasil-Belíndia desce ao Purgatório

O Brasil-Belíndia é, para muitos, de um tempo do qual muita gente tem saudade. Tem gente que diz até que eram os Anos Dourados. Mas a visão do dourado depende, na verdade, de qual perspectiva você, ou seus pais, tinham naquela época. Se viajassem de classe popular, isto é, na Índia da Belíndia, você teria poucos motivos para sentir saudades. Pergunte ao Presidente Lula, à ex-Ministra Benedita da Silva e a outros mais como era a vida, como era a possibilidade de ascensão social para paus-de-arara e favelados naquela época.

Já os anos 1980 foram de estagnação econômica, que os economistas adoram chamar de "década perdida". A conta do Milagre Econômico dos anos 1970 chegou para pagar em anos de conjuntura internacional mais complicada. O governo, para financiar o grande déficit público, tinha de adotar uma das alternativas: cortar custos, injetar mais moeda na economia (o que causa inflação), aumentar impostos (o que fica mais difícil à medida que uma sociedade é mais democrática, pois o contribuinte-cidadão dá o troco).

Pois bem, nos anos 1980, a escolha foi pelas três coisas e principalmente pela emissão e injeção de moeda, medida que tornou a inflação selvagem. Para quem chegou à idade adulta, depois do Plano Real, lançado em 1º de julho de 1994, não existe uma referência do que era a maluquice da economia nessa época: os etiquetadores de preço de supermercados remarcavam todo dia a mercadoria, para cima, é claro.

A classe média do Brasil-Belíndia não foi poupada dos cortes, como veremos adiante, mas foi poupada em parte do impacto direto da inflação dessa fase, graças a um mecanismo chamado indexação. Quem tinha conta em banco, tinha seu dinheiro protegido pela indexação, que chegou a ser diária. Mais uma vez, para encurtar a história, digamos que o governo garantia que o dinheiro não perdia o valor se depositado no banco. Seu saldo não era corroído durante a noite. Pelo contrário, aumentava. Como? Graças à mágica indexação que realimentava a inflação.

E para o pessoal da Índia do Brasil-Belíndia? Coitados, em sua maioria, não eram "bancarizados", isto é, não tinham conta em banco. E o seu dinheiro perdia metade do valor praticamente, apenas ao longo de um mês...

Mas na questão dos cortes, a classe média do Brasil-Belíndia viu a coisa apertar, em especial quando o governo começou a aprofundar cortes nos serviços públicos. E lá se foram embora a escola pública e a rede pública de saúde, com a qual a classe média, a Bélgica do Brasil-Belíndia, tinha contado até então.

A partir daí, educação com qualidade nos níveis de ensino fundamental e médio só passou a estar disponível na rede escolar privada. Apenas no ensino superior, a universidade pública e gratuita continuou a receber boa parte de suas necessidades orçamentárias ao longo dos anos 1980. Mesmo que isso tenha acabado por se colocar como uma escolha questionável de políticas públicas democráticas, pois até recentemente quase 70% de toda a verba do Ministério da Educação (MEC) eram alocados para as 55 unidades universitárias federais. Você leu corretamente 55 escolas superiores levando 70% do bolo total da educação nacional.

Com relação à saúde, o quadro ainda é mais complexo. Como conciliar a necessidade de cortes com a realidade de custos crescentes por causa do aumento populacional e da própria natureza da atividade de saúde, que passou a requerer altos investimentos em tecnologia? Assim, o Estado foi se ausentando, e a classe média, a Bélgica do Brasil-Belíndia, passou a ter que arcar, sozinha, também com suas despesas de saúde.

O bom e velho financiamento da tão sonhada casa própria, nos moldes do antigo e extinto Sistema Financeiro de Habitação (SFH) e Banco Nacional de Habitação (BNH), seguiu um modelo de negócio de crédito imobiliário praticamente focado nos clientes da classe média, a Bélgica da Belíndia e, mesmo assim, altamente subsidiado. Casa popular, popular mesmo, isto é, para a Índia da Belíndia, não foi o foco do negócio do SFH daqueles tempos.

Por último, minguaram os empregos nas estatais, que passaram a ser questionadas como meio eficaz e eficiente de produzir coisas para uma nação interessada em responsabilidade fiscal naquela altura do século XX. A expressão "privatização" nasceu nos anos 1980, a partir das práticas da Primeira-Ministra Margareth Thatcher de modernizar a estagnada economia do Reino Unido, a enxugar subsídios e a passar para a iniciativa privada as enormes e indomáveis empresas estatais.

Pouco a pouco, nos últimos vinte anos, a classe média, a Bélgica do Brasil-Belíndia, e seus descendentes viram sua trajetória de ascensão perder velocidade e fazer com que esboroassem os sonhos de ascensão rápida e continuada. *Pop*. A bolha estourou.

O sonho do emprego para a vida inteira, com estabilidade, segurança e altos salários da época de ouro do Milagre Brasileiro, nos anos 1970, foi embora. Foi também o subsídio para a casa própria, o hábito de trocar de carro com regularidade. Por sorte, o mercado de trabalho foi aberto para as mulheres, que se emanciparam, deixando seu papel de donas-de-casa em horário integral e exclusivo, e passaram a trazer mais renda para casa.

O estilo de vida doméstico dessa classe média, a Bélgica do Brasil-Belíndia passou a sofrer enxugamentos com a mudança macroeconômica e social do País, que deixaram seus herdeiros amargurados com as perdas acumuladas e a descida para o Purgatório. Se a sua avó ou a sua mãe era da Bélgica da Belíndia, elas devem se lembrar de que contavam sempre com duas ou três empregadas para realizar as tarefas domésticas. Em algum momento dos anos 1970, chegamos a ter uma força de trabalho entre oito e dez milhões de empregados domésticos, que trabalhavam nos três milhões de domicílios da Bélgica da Belíndia. Nessa época, as capitais do Brasil eram verdadeiros entrepostos de empregadas que chegavam às mãos-cheias, batendo às portas das donas-de-casa da Bélgica da Belíndia, oferecendo-se para tomar conta de criança, cozinhar, lavar, passar, em troca de dormir no emprego, em muitos casos.

Tal o costume dos habitantes da Bélgica da Belíndia de contar com serviçais para realizar tarefas domésticas que, nessa época, a indústria imobiliária do Brasil passou até a construir apartamento quarto-e-sala com dependência de empregada. Esse anexo, a "senzala que tomou elevador", uma invenção *sui generis* do Brasil-Belíndia, era, em geral, composto por um quarto sem janelas, de quatro metros quadrados, com um banheiro de um metro quadrado, em que o chuveiro ficava em cima do vaso sanitário. Hoje, a tendência é o contrário. Os lançamentos de apartamentos de um e dois quartos vão abolindo a "senzala que tomou elevador". A empregada cede espaço à faxineira diarista. No Brasil-Belíndia, o costume era manter uma serviçal 24 horas, seis dias por semana, a um custo de um salário-mínimo. Agora, os herdeiros da Bélgica da Belíndia sabem que tarefas domésticas têm um custo bem maior. A faxina mais chinfrim – a "faxina expressa", como diz uma amiga minha – não sai por menos de R$ 50,00 mais R$ 10,00 para a condução, no Rio e em São Paulo.

As empregadas domésticas cedem lugar às diaristas, que graças ao acesso fácil ao mercado, trazido pelo celular pré-pago, podem tirar tranqüilamente, sem taxas, entre R$ 600,00 a R$ 1.000,00 por mês, trabalhando para várias famílias. Essa mesma diarista é aquela classificada nas estatísticas com renda declarada igual a zero.

O grande golpe na cabeça dos herdeiros da Bélgica do Brasil-Belíndia só se tornará mais evidente nas próximas décadas. Sua percepção se dará na medida do envelhecimento das pessoas e, depois que atingirem a aposentadoria. Será quando os que entraram na universidade nos Anos Dourados do Brasil-Belíndia sentirão o resultado das reformas realizadas para ajustar as contas de um sistema previdenciário cambaleante. Não há saída: a aposentadoria vinda dos cofres públicos será declinante ao longo de todas as próximas décadas.

Não adianta culpar o governo ou a corrupção pelo buraco que se abre, em termos de seguridade social. Se serve de consolo, esse mal-estar atual, sentido pelos herdeiros da Bélgica do Brasil-Belíndia, é o mesmo mal-estar de outras classes médias de vários países maduros, sobretudo da Europa.

Nesses países, o Estado do Bem-Estar Social está tendo que passar por uma série de reformas igualmente profundas. As razões são o aumento da expectativa de vida, a diminuição da natalidade, os freios colocados nos subsídios governamentais e a competição global que leva os países a também se tornarem mais produtivos.

Pergunte aos alemães sobre a semana de 35 horas e se foi possível mantê-la ante às possibilidades de grandes empregadores, como a Siemens, fecharem fábricas na Alemanha e relocá-las no Leste Europeu, onde os sindicatos concordam com a semana de quarenta horas. Pergunte à grande classe média na França, na Inglaterra, na Espanha sobre as mudanças para cima na idade-limite para a aposentadoria.

No entanto, insisto em que é um mito equivocado dizer que a classe média está minguando. O que está acontecendo, então?

A nova classe média brasileira

Como já afirmei, a maior parte dos economistas tem por costume se referir aos anos 1980 como a "década perdida", tanto para o Brasil quanto para a América Latina. Como várias outras categorias profissionais, que adquirem uma certa miopia em função de sua especialização, os economistas habitualmente medem progresso ou decadência por meio de indicadores como PIB, renda *per capita*, juros, inflação, ou seja, indicadores macroeconômicos.

Ocorre que a década de 1980 foi justamente o período em que se acelerou o progresso nas conquistas democráticas e cívicas da sociedade brasileira. Nesse período, e continuando na década seguinte, o Brasil conseguiu um admirável progresso em termos de envolvimento de seus cidadãos na vida cívica (movimentos sociais de todos os tipos), de ampliação da mobilidade social vertical e de aperfeiçoamento da democracia. Portanto, essa foi uma década muito longe de ter sido perdida.

Se por um lado os economistas, ao olharem para o resultado dos anos 1980, sentem-se desolados para o que consideram tempo perdido, por outro devemos nos alegrar e nos orgulhar de um país que passa a ter eleições livres e democráticas, liberdade de expressão e organização partidária, imprensa livre, um grau extraordinário de mobilidade social vertical (pergunte onde estavam o Presidente Lula, a ex-ministra Benedita da Silva, o Vicentinho, o deputado José Dirceu, a ministra Marina da Silva e muitos outros, antes dos anos 1980).

Se os anos 1980 foram de estagnação econômica, ainda assim, na retomada do crescimento dos anos 1990, o Brasil ganhou embalo com o desenvolvimento da economia mundial, um dos períodos em que a economia mundial mais cresceu, e que o processo de globalização acabou por trazer para o mercado massas imensas que estavam fora do mercado de consumo. Não só no Brasil, mas também na China, na Índia, na África do Sul começam a se graduar as primeiras levas de consumidores do esperado megamercado do século XXI, chamado Base da Pirâmide.

Explicação rápida e simplificada. A população planetária é de aproximadamente 6,5 bilhões. O mercado maduro do planeta é estimado em 1 biilhão de indivíduos, a maior parte deles na América do Norte, Europa e Japão. Ao longo da primeira década do século XXI estarão se tornando consumidores mais 1 bilhão.Os bilhões restantes deverão ir graduando como consumidores ao longo do século XXI, se não explodirmos o planeta antes (é imperativo encontrar alternativas de desenvolvimento mais sustentável do ponto de vista ambiental).

É por causa dessas levas de mercado emergente que vem da chamada Base da Pirâmide (BDP), como dizem os marqueteiros, que as multinacionais estão de olho procurando chegar sempre na frente junto ao próximo bilhão que entra em cena.

No Brasil, no ano da graça de 1994, o ano em que domamos a inflação, a estabilização da economia iniciada pelo Plano Real reposicionou de forma abrupta o estilo de vida dos estratos populares. Virtualmente, da noite para o dia, a Índia do Brasil-Belíndia desembarcou no mercado consumidor, ganhou poder de compra, desenvolveu hábitos de consumo e, finalmente, conquistou alguma capacidade de planejar sua vida financeira e econômica.

Os marqueteiros estudiosos de mercado perceberam que se formava um Exército de Formigas Consumidoras – de tudo! De iogurte a plano de saúde, de cimento a telefone celular, de cursos de computador a eletrodomésticos. Empresas que têm apostado suas fichas no consumidor popular têm sido as que mais se dão bem, como as Casas Bahia. Empresas que eram acostumadas com mercados de escala pequena, como o da Bélgica do Brasil-Belíndia e de baixa concorrência, como os de antes da frenética globalização pós-anos 1990, como era o caso da Varig, por exemplo, "quebraram a cara".

Assim, trinta anos depois do auge dos tempos do Brasil-Belíndia, já no começo da década de 2000, o Brasil vai se transformando no Brasil do Exército de Formigas Consumidoras. Pela primeira vez em sua história, o Brasil passou a ter mercado de massa. Quem estava na Índia da Belíndia se sente mais confiante porque vem fazendo movimentos verticais de ascensão socioeconômica.

O estrato socioeconômico, representado pelos herdeiros da Bélgica do Brasil-Belíndia tem peculiaridades que o tornam menos confiante que os herdeiros da Índia da Belíndia. Sem os subsídios e sem as vantagens competitivas dos anos 1970, a antiga classe média, que é fundamentalmente de trabalhadores assalariados e autônomos, incluídos no mercado formal, sentiu-se – e ainda se sente – abalada e insegura, como estão abaladas e inseguras as classes médias dos países europeus.

Por outro lado, os setores populares – muito bem representados pela ascensão do Presidente Lula ao poder – mostram um vigor e uma autoconfiança no futuro sem precedentes. Sem revolução ou interrupção do regime democrático, o país assistiu ao acesso de representantes dos setores populares ao poder político em todos os níveis de poder.

Noves fora zero, o que ocorre no País é que a nova classe média é uma amalgamação dos herdeiros da classe média do Brasil-Belíndia com os estratos emergentes dos herdeiros da Índia da Belíndia. A antiga classe média esperava que a nossa futura classe média seria mais para o modelito Ipanema, mas ocorre que ela é mais para o ABC Paulista.

A antiga classe média ainda está perdida, mas vai se achar, desde que resolva assumir mais riscos e se tornar mais empreendedora. Os filhos da Bélgica da Belíndia precisam despertar para as oportunidades que se encontram para além da busca dos empregos assalariados em que a segurança pesa mais do que tudo.

Para todos nós, brasileiros, a grande e boa nova é entender que, para que passemos de país a nação, precisamos de uma classe média numericamente significativa e é nessa direção em que vamos.

CAPÍTULO 6
Fracassamos em reter o homem no campo?

Nos anos 1970, Zé Rodrix e, depois, Elis Regina cantaram uma canção que ouvimos e repetimos, em momentos de estresses urbanos:

> Eu quero uma casa no campo
> Eu quero carneiros e cabras
> pastando solenes no meu jardim
> Eu quero plantar e colher com a mão
> a pimenta e o sal
> Eu quero uma casa no campo
> do tamanho ideal, pau-a-pique e sapê
> Onde eu possa plantar meus amigos
> Meus discos e livros e nada mais

A música certamente coloca o campo como um contraponto idílico para nós, *urbanóides*, que vivemos as tensões da vida nas grandes cidades brasileiras, presos em engarrafamentos, angustiados e apreensivos pelo aumento da violência urbana. Mas a verdade é que a vida de quem precisa produzir no campo é dura. Sempre foi, aliás.

O que vamos descobrindo é que o campo pode ser viável para lazer, ecoturismo; mas para a produção, só mesmo para o agronegócio: muita tecnologia, maquinário caro, economia de escala, ou seja, produção em grande volume, investimento pesado em logística e por aí vai.

O trabalho no campo sempre foi muito duro em todos os cantos do planeta. Além disso, as possibilidades de educação, serviços, ascensão social e outras coisas típicas da vida moderna são menos acessíveis para quem vive no setor rural. Resultado: todos os países maduros, em termos de desenvolvimento econômico, atestam que os percentuais de população rural são praticamente insignificantes, *vis-à-vis,* à urbana.

Historicamente, a vinda para as cidades significou para os camponeses europeus a libertação do jugo dos laços feudais. "No ar das cidades se respira a liberdade", enaltecia um ditado popular na época do esvaziamento dos campos na Europa. É bem verdade também que o camponês se transformou no proletário explorado. Mas foi na possibilidade de organização política e social, contextualizada pela vida urbana, que esses proletários se transformaram na imensa classe média européia.

O processo de esvaziamento do campo foi um caminho tradicionalmente feito por todos os países que hoje são chamados de plenamente desenvolvidos. Praticamente todos os países ditos maduros estão bem acima de mais de 90% da população a viver no setor urbano.

Mesmo em situações em que equacionou-se bem a posse da terra por meio de reformas agrárias bem feitas, é difícil fixar o camponês ao campo. Para conseguir isso, os caminhos encontrados até hoje atestam a necessidade de subsídios pesados por parte dos governos. Isto é, um custo extra que contribuintes não vêem com bons olhos. Nem tampouco os produtores de países emergentes, descontentes com os subsídios injustificáveis que fazendeiros europeus e norte-americanos demandam.

Assim, nesse contexto, modelos produtivos como agricultura familiar, apesar da boa intenção social, resultam ineficientes e insustentáveis, a não ser com altas doses de subsídios.

O processo de urbanização da população brasileira aconteceu na "marra", em apenas duas gerações, em contraste com o processo tal como aconteceu na Europa, que demorou alguns séculos. Nossa velocidade provocou um alto impacto nas cidades. Pagamos e estamos pagando um alto preço, pois o grosso da migração do campo para a cidade coincidiu com o período de regime militar em que não se discutiam as questões e políticas públicas a serem priorizadas. As autoridades municipais, durante esse período, eram simplesmente indicadas pelos governos militares e o que se viu foi o absoluto *laissez-faire* em termos de desenvolvimento urbano. Ou seja, as cidades não passaram por uma adequação para receber esse contingente de migrantes e de seus descendentes.

Nossas cidades importantes – em torno de 225, que são as com mais de 100 mil habitantes – tiveram que acomodar, em 25 anos, mais 128 milhões de brasileiros. Uma Alemanha e uma França juntas. Resultado: favelas e loteamentos irregulares acabaram por se tornar a política urbanística e a política habitacional do deus-dará, criadas pelos próprios migrantes abandonados pelo Estado.

Estamos com quase 84% dos brasileiros a viver no setor urbano (éramos 76% em 1990; 67,5% em 1980 e 56% em 1970). Devemos chegar fácil aos 90–92% nas duas próximas décadas. Os grotões tendem a se transformar em cidades-fantasmas por sua incapacidade em oferecer oportunidades de ascensão social e vitalidade econômica.

Vamos ter que correr atrás do prejuízo e melhorar mais, aceleradamente, o desenvolvimento de nossas grandes e médias cidades. Como já mostrei, temos de rever mitos de que, atualmente, a miséria habita as favelas. Segurança e urbanização farão desses lugares, nas próximas décadas, os bairros populares onde muitos dos filhos e netos, herdeiros da Bélgica do Brasil-Belíndia, poderão morar, na medida em que a mobilidade social proporciona oportunidades de que aconteçam casamentos entre os herdeiros da Bélgica, do Brasil-Belíndia, com filhos do Exército de Formigas Consumidoras. A população do campo, por sua vez, deverá encolher ainda mais. Quem viver verá.

CAPÍTULO 7
O mito das riquezas naturais subaproveitadas

Um dos mitos que várias gerações de brasileiros têm recitado é que poderíamos aproveitar melhor a nossa condição de país rico em recursos naturais e que o potencial da Amazônia é inestimável para a Humanidade. Já tivemos palavras de ordem de movimentos que propagavam essa crença como se os nossos recursos naturais fossem uma verdadeira bênção para a nação. Por exemplo, são dessa linha os *slogans* "o petróleo é nosso", "minério não dá duas safras", e por aí afora. Preocupo-me, mais recentemente, com a euforia que toma conta do hoje cambaleante Estado do Rio de Janeiro, por causa do entusiasmo que muita gente tem pelo *boom* da extração do petróleo na região de Macaé e no restante do norte fluminense.

Ao longo da última década, vários economistas, espalhados em diferentes partes do planeta e a trabalhar em separado, tentam entender o que parece ser um enigma: por que países ricos em recursos naturais conseguem resultados pífios em termos de crescimento econômico e progresso social? Por que países cuja economia é rica em recursos naturais e de economia dependente desses recursos se configuram como países de pouca vitalidade? Por que nações que se projetam no cenário internacional, via de regra, não o fazem movidas pela exploração de suas riquezas em recursos naturais?

Com base em dezenas de estudos que procuram, cientificamente, buscar uma correlação, isto é, a existência de causa e efeito entre riqueza de recursos naturais e desenvolvimento econômico, estes grupos de estudiosos convergem hoje para uma tese intitulada a "maldição dos recursos naturais". Essa tese é sustentada por estudos que não se restringiram ao século XX, mas que vasculharam os séculos desde o início da história escrita. Para ser "curto e grosso", essa tese sustenta que ter riqueza em recursos naturais é uma condenação ao atraso. Esta é a maldição.

De forma surpreendente, parece existir algo na facilidade em obter recursos naturais, seja para o consumo próprio para negociar com outros povos, que faz com que o país dono desses recursos não consiga traduzir isso em crescimento econômico e, sobretudo, em progresso e que seja estendido para toda a coletividade daquela nação.

Exemplos nos dias de hoje? Basta ver os países árabes que nadam em petróleo, bem como países africanos, no caso a Nigéria. A Venezuela, que no começo do século XIX, era uma das dez nações mais ricas do planeta. O exemplo do Estado do Alasca, o único dos estados norte-americanos com índice de crescimento negativo ao longo das décadas de 1980 e 1990, apesar de suas imensas reservas petrolíferas e de pesca. E por aí afora.

Ao longo do tempo, para ficarmos dos primórdios do capitalismo para cá, distinguem-se as nações que progridem não pela posse de recursos naturais, mas, sobretudo, os países onde as pessoas – o capital humano – fazem a diferença, em especial aquelas sociedades capazes de correr riscos e de saber inovar.

No século XVI, Florença, Veneza e Gênova, o berço do capitalismo, eram exemplos de cidades-estado que não tinham nada em termos de riqueza natural. Atividades principais: bancos, navegação e comércio. A seguir, Holanda, a "bola da vez" na seqüência do desenvolvimento do capitalismo no século XVII, também não tinha recursos naturais. Muito menos a Inglaterra nos séculos XVIII e XIX. No século XX, tanto os EUA, na primeira metade, quanto mais recentemente Japão, Cingapura e Coréia do Sul, têm demonstrado que seu desenvolvimento econômico e sua ascensão como nações de grande vitalidade e o progresso não estão relacionados com a disponibilidade e exploração de recursos naturais ou mesmo de produção primária, isto é, agricultura.[1]

No decorrer da História, são exemplares os casos de nações que, em algum momento de sua trajetória de desenvolvimento, fizeram a opção errada e pagaram caro e ainda pagam por esse equívoco. Portugal e Espanha são casos exemplares. Obtiveram uma grande vantagem competitiva e progresso como nações, quando apostaram nas Grandes Navegações como um empreendimento nacional inovador. Estagnaram assim que passaram a se pautar pelo modelo de nações parasitárias, mais interessadas em explorar os ricos recursos naturais de suas colônias. Entraram em um longo e doloroso processo de decadência como nações, da qual só agora se recuperam.

Os estudiosos que sustentam a tese da "maldição dos recursos naturais" advogam que, mesmo quando se trata de sociedade democrática, a abundância de recursos para o comércio internacional inibe a capacidade de inovação como um todo. Nações com grande vitalidade e progresso precisam de um Exército de Formigas empreendedoras, inovadoras, dispostas a correr riscos, não acomodadas. A resultante dos esforços de um qualificado e animado capital humano é quem cria valor econômico.[2]

Mesmo que o Estado aproveite bem os recursos naturais – por exemplo, o monopólio de petróleo –, via de regra isso acaba por ser extremamente nocivo para o desenvolvimento do progresso democrático de nações. A Venezuela, aqui pertinho, é um bom exemplo. Cinqüenta e um por cento de seu PIB nacional vêm do petróleo vendido internacionalmente por meio de sua estatal PDVSA. Esse dinheiro vai como cheque em branco para o governo, que gere, maquia e faz o que quer.

Quando, alternativamente, o Estado é obrigado a viver de impostos recolhidos de um somatório de fontes diversas, que são as empresas privadas produtoras de riquezas e dos contribuintes pessoas físicas, naturalmente a sociedade exerce muito maior vigilância sobre o governo acerca de como será gerido e devolvido, em funções e em serviços, tudo o lhe foi extraído. E isso tem sido demonstrado como um círculo virtuoso de aperfeiçoamento do sistema democrático e do próprio progresso econômico e social.

O desenvolvimento econômico e mesmo civilizador de uma nação está ligado à sua capacidade de criar novas proposições para resolver problemas. Isso está associado à capacidade do capital humano – gente e organizações – de posicionar-se sempre um passo à frente em termos de invenção. Criar valor é inventar o novo, criar propriedades intangíveis, sobretudo intelectual, é registrar patentes, é conquistar novos mercados pela capacidade de promover e atender novas necessidades, antes e melhor que a concorrência se estabeleça e diminua as margens de lucro.

Estar bem-sucedido em dado momento e deitar em berço esplêndido é a véspera da decadência. Como diz Andrew Grove, vice-presidente de um grande fabricante de microprocessadores, a Intel, "só os paranóicos sobrevivem". E nessa era de acelerada transformação, ou reinventamos continuamente ou nos tornamos irrelevantes.

Tenho ouvido muito freqüentemente louvações ao agronegócio como a grande vantagem competitiva e de oportunidade para o Brasil. Devagar com o andor. Da mesma forma que as loas feitas à Amazônia e ao seu potencial, ao petróleo descoberto aqui e ali pelo Brasil afora, meu grande medo é de que os produtos do agronegócio, sobretudo os de baixo valor agregado, como grãos e carnes, em última análise, são *commodities*.

(Com licença, caro leitor, se você é daqueles que se irritam com a intromissão de estrangeirismos que julga indevidos em um texto em português. Esse é um tipo de defeito que eu, como autor, tenho e assumo, e pelo qual vários fiéis leitores me criticam. Em minha defesa, argumento que considero a língua um organismo vivo, capaz de influenciar outras línguas e por elas ser influenciada. Não fui eu que inventei *hardware*, *software*, *site*, Internet, *e-mail*, futebol, piquenique, entre outros. Ademais, o termo *commodity* já está dicionarizado, tanto no *Aurélio* quanto no *Houaiss*. A definição deste último é mais precisa para o meu gosto e reproduzo-a: "Qualquer bem em estado bruto, ger. de origem agropecuária ou de extração mineral ou vegetal, produzido em larga escala mundial e com características físicas homogêneas, seja qual for a sua origem, ger. destinado ao comércio externo... p. ex., café, açúcar, soja, trigo, petróleo, ouro, diversos minérios etc., cujo preço é determinado pela oferta e procura internacional".)

Por que estou falando de *commodity*? Nosso país tem um histórico de produtor de *commodities*: ouro, minérios, café, gado, borracha. E sempre nos esborrachamos quando alguém descobre como produzir essas coisas de forma mais barata e eficiente. Já começamos um novo caminho de nação, capaz de produzir bens de maior valor agregado, coisas mais rentáveis e que dão mais vantagem competitiva no comércio internacional (alô, Embraer!). O quanto mais cedo pudermos afastar essa taça de veneno que bebemos como nação, de forma recorrente, melhor.

Atenção nacionalistas ufanistas de plantão: olho na ilusória auto-suficiência de petróleo ali na esquina. Melhor negócio faríamos se já estivéssemos avançando na tecnologia do hidrogênio, de preferência fora do circuito dos dinossauros estatais...

CAPÍTULO 8
A corrupção é o grande problema do Brasil?

"Brasileiros são os mais preocupados do mundo com a corrupção", traz a manchete do Correio Braziliense de 10 dezembro de 2004, que encabeça uma matéria da divulgação do relatório anual da Transparência Internacional (TI), ONG internacional dedicada a promover o combate à corrupção. De acordo com o relatório, 91% dos brasileiros acham que a "grande corrupção" é um problema sério, e 88% acham que a "pequena corrupção" também é um problema preocupante. O relatório apresenta com detalhes outros números da pesquisa mundial, realizada pelo Instituto Gallup, a pedido da TI, que entrevistou cinqüenta mil pessoas em 64 países, sendo 1.400 no Brasil, entre 18 de julho e 2 de agosto de 2004.[1]

Ainda segundo essa pesquisa, os brasileiros também não demonstraram otimismo em relação ao futuro:

- 43% acreditam que a corrupção vai aumentar muito ou pouco nos próximos três anos;
- 35% acham que vai ficar igual;
- Os otimistas, que acham que a corrupção vai diminuir muito, somam apenas 1%.

O relatório anual da TI compara as pesquisas aplicadas separadamente em um conjunto de países que procura aferir a percepção que os próprios cidadãos de um país têm a respeito de quão aflitivo é o problema de corrupção em seus respectivos países. É importante observar que a análise dos resultados não permite concluir que a corrupção no país X é maior ou menor em relação ao país Y. Além disso, corrupção, na pesquisa, é qualificada como abuso dos servidores públicos, incluídos os políticos, para benefício privado.

A análise classificatória final criada pela TI é chamada Índice de Percepção da Corrupção (IPC), que categoriza os países usando uma escala de notas entre zero a dez. Quanto mais próxima de dez a nota atribuída a um país, menos negativa é a percepção de seus habitantes de que a corrupção é um problema aflitivo.

Na pesquisa de 2004, listaram-se 146 países. O primeiro lugar – portanto, o país onde as pessoas consideram que a questão da corrupção não é aflitiva – é a Finlândia, com IPC de nota 9,7. Do segundo ao décimo lugar vêm, nesta ordem, Nova Zelândia, Dinamarca, Islândia, Cingapura, Suécia, Suíça, Noruega, Austrália e Holanda. Reino Unido vem em 11º, com 8,6; Alemanha em 15º, com 8,2; EUA aparecem em 17º; com 7,5. O primeiro latino-americano a entrar na tabela é o Uruguai, na 28ª posição, com 6,2. O Brasil vem em 59º lugar, com IPC de 3,9. Bangladesh e Haiti fecham a corrida com 1,5 de IPC. Nessa metodologia não são todos os países que são pesquisados anualmente. Em 2004, foram somente sessenta.

Advogar uma percepção contra-intuitiva acerca da gravidade da corrupção como o grande problema do Brasil

Diante de um quadro como esse, é muito mais fácil e confortável aderir à quase unanimidade que vê o Brasil como um antro de corrupção e lamentar a degradação ética e moral de nosso País. Sem dúvida, o 1% de otimistas é bobo, é ingênuo que não quer ver e admitir a crueldade das nossas elites, a cupidez dos nossos políticos e coisas desse jaez.

A via mais segura para ficar bem com o leitor é se posicionar da forma que representa o senso comum, que totaliza 99% da opinião pública, é cerrar fileiras com a revolta vocalizada por centenas de cronistas dos jornais diários.

No entanto, parte do objetivo deste livro é procurar checar e repensar mitos. Isto implica em, muitas vezes, procurar nadar na contracorrente e olhar de forma contra-intuitiva aquilo que todo mundo acha que é o senso comum. É muito arriscado. Mas lembre-se: os consensos na história da Humanidade, alguns dos quais duraram séculos, mudam quando algumas pessoas começam a especular e tentar ver os fatos de forma diferente. É assim que sempre acontece!

No nosso caso, tomemos, por exemplo, só para contrariar, o ponto de vista de 1% de otimistas, esses caras que devem estar no mundo da lua para não concordar que somos um País de falcatruas.

Será que alguns deles são otimistas apenas baseados em sua confiança na melhoria da Humanidade, devotos do Dr. Pangloss, o eterno otimista do *Cândido*, de Voltaire, ou então umas "Polianas" da vida. Ou será que alguns deles poderiam estar sendo otimistas com base em um pensamento analítico, sustentado em argumentos racionais e fatos? Vamos tentar pensar assim, de forma contra-intuitiva?

Comecemos por analisar aquilo que temos como medida da corrupção do Brasil, em termos internacionais, isto é, a classificação da TI.

Em primeiro lugar, precisamos focalizar o fato de que a classificação é construída sobre a percepção que cidadãos têm a respeito do nível de corrupção existente em seu próprio país. Com base nisso, é estabelecida uma comparação entre as nações. Porém, não existe uma medida objetiva do nível de corrupção por país.

Com essa metodologia, cada país se torna refém de sua própria percepção, de sua auto-estima coletiva como nação. Se os suíços se acham uma sociedade mais confiável, melhor para eles. Tanto pior para quem tem baixa estima e se torna vítima de sua própria percepção, pois aquilo que você diz é o que a comunidade internacional tomará como verdadeiro. Bizarro, não é?

Ocorre que, para fazer uma classificação comparativa entre países, é preciso ter um objetivo indicador quantitativo. No caso de demografia (número de habitantes, sexo, idade, longevidade etc.), temos quantificações inquestionáveis e objetivas, independente do país que se analisa. No caso da macroeconomia, ainda que as quantificações objetivas como PIB, renda *per capita* etc. sejam mais ou menos acuradas, existe uma metodologia consistente de coletar e processar indicadores de forma similar que permite fotografar um país de maneira objetiva, independentemente dos outros, para que, depois, se estabeleçam comparações entre países.

O Índice de Percepção da Corrupção é uma construção muito precária porque constrói um retrato de forma subjetiva. Contra-exemplo: se alguém quer saber o colesterol de uma pessoa tem que fazer um exame de sangue e medir o nível de gorduras. Pode-se até perguntar a uma pessoa qual deve ser o seu nível de colesterol e ela responder que deve ser baixo porque faz dieta pobre em gorduras saturadas, não tem estilo de vida sedentário, bebe uma taça de vinho por dia e, na família, nunca ocorreu esse problema. Agora, imagine usar essa metodologia subjetiva de estimar o nível de colesterol com base na percepção de que o próprio indivíduo tem, e depois partir para comparar. Ai dos hipocondríacos!

Ocorre que, sabe-se lá Deus por que razões, parece que o brasileiro tem mesmo o gene do complexo de vira-lata de Nelson Rodrigues, ou ainda o gene de fracassomania (Tom Jobim dizia que "no Brasil fazer sucesso é ofensa pessoal").[2] Parece que a fracassomania é uma predileção nacional. Conhece a piada do lugar chamado Brasil, que Deus criou cheio de belezas e recursos naturais, seguro do ponto de vista de cataclismos naturais, mas que, para compensar, colocou lá um povinho?

Portanto, o Índice de Percepção de Corrupção de um país deve ser relativizado no contexto da própria cultura do país em questão. É por isso que 1% da TI deve ousar e ir na contramão da quase unanimidade, para ver se não estamos prisioneiros de um mito que ajudamos a criar.

Em primeiro lugar, é importante dizer que o nível de corrupção em uma sociedade não é maior porque a população de um dado país é mais ética do que a de outro. Suíços e escandinavos não são mais altruístas e éticos do que moçambicanos ou hindus. Quem acredita nisso precisa rever o seu ponto de vista, porque adquiriu uma visão preconceituosa de nacionalidades. Acho bom pensar em mudar, pois tudo muda. Quer um exemplo?

Dos tempos da Lei de Gerson aos tempos do Traíra (do jeitinho brasileiro ao jogar "respeitando as regras da lei")

No Brasil, crescemos muito na construção do complexo sistema de instituições democráticas da lei e da ordem nos últimos vinte anos. Quer ver uma imagem metafórica que ilustra essa mudança?

Em 1970, ao voltar do México consagrado tricampeão de futebol, o jogador Gerson, o nosso "Canhotinha de Ouro" da seleção canarinho, foi convencido a fazer um comercial de cigarros, em que ele afirmava que escolhera aquela marca porque "gosto de levar vantagem em tudo, certo?".

A peça publicitária se tornou conhecidíssima, com um *recall* enorme, que é como os publicitários medem a lembrança que as pessoas têm acerca do que foi exposto em mensagens publicitárias. A agência que fez o comercial justificava o sucesso e a empatia das pessoas com a propaganda porque o "brasileiro gosta mesmo de levar vantagem em tudo".

Não houve, naqueles tempos, em termos de massa ou opinião pública representativa, uma percepção negativa imediata ou uma interpretação pejorativa do bordão do Gerson. Era mesmo um elemento em sintonia com os tempos de confusão de valores, do auge da repressão de uma ditadura militar, quando vivíamos um milagre econômico e comemorávamos um delicioso tricampeonato.

O tempo passou. A poeira assentou e umas poucas vozes começaram a lembrar da propaganda. Passados os anos, não se sabe onde nem quem, as pessoas remexeram a memória e algumas recuperaram o bordão "levar vantagem em tudo", dando-lhe uma nova conotação. Agora, sim, a sociedade começava a desconstruir e a reconstruir uma nova percepção do fato.[3]

"Levar vantagem em tudo" fazia parte, sim, da identidade nacional da época, do imaginário nacional. Mas o tempo passou, a ditadura acabou, veio o estado de direito e o bordão citado pelo "Canhotinha" foi desnudado como absoluta e inaceitável apologia do comportamento antiético. Isso, fique claro, demorou algum tempo.

O pobre do Gerson, sem ter atinado na época no que estava a se meter, pagou caro: o comportamento antiético de querer levar vantagem em tudo passou a ser conhecido como a Lei de Gerson. E esse comercial acabou por se transformar em uma referência de comportamento social não mais admissível. A marca do cigarro sumiu do mercado. Da agência e do publicitário que o criou, ninguém mais se lembra, mas a personalidade que o fez amarga até hoje um desastre de comunicação. Ficou a Lei de Gerson. E o "Canhotinha" nunca mais teve um contrato publicitário para endossar comercialmente qualquer coisa.

Aceleremos o tempo. Em setembro de 2003, o sambista e compositor popular Zeca Pagodinho, contratado por uma nova marca de cerveja, a Nova Schin, que crescia de forma marcante no mercado nacional, rompeu unilateral e abusivamente o contrato, e foi anunciar outra marca concorrente, a antiga e tradicional Brahma. O apelo central do novo comercial com a participação de Zeca Pagodinho não era apenas de endosso publicitário, estabelecia uma comparação em que o pagodeiro colocaria uma espécie de "fui, provei, mas eu gosto mesmo é dessa aqui". Literalmente, ele dizia no comercial: "Fui provar outro sabor, eu sei. Mas não largo meu amor, voltei."

O que era apenas um problema comercial passou a ter uma dimensão pública. Diferente dos tempos da Lei de Gerson, quando a opinião pública demorou a atinar com o abuso antiético, a atitude e a lisura de Zeca Pagodinho e da agência da Brahma foram imediatamente objeto de discussão da sociedade.

O que tornava a coisa mais delicada era uma declaração do pagodeiro, em que dizia que não lera o contrato com a Schin que o impedia de fazer o que tinha feito porque lá em Xerém, subúrbio popular da Baixada Fluminense onde Zeca tem raízes, o que vale é a "palavra de homem". Essa outra declaração desastrada repercutiu muito mal, porque tentava criar uma cumplicidade do sambista com os setores mais humildes, como tipicamente são identificados os moradores da Baixada Fluminense, como se fosse próprio de pessoas mais humildes achar que o contrato assinado é sofisticação desnecessária, embromação de doutores e das elites.

Nos botequins, nos elevadores e em conversas amenas, as pessoas passaram a discutir se a atitude de Zeca Pagodinho fazia dele um "traíra". Conheço fãs do sambista que ficaram decepcionados e juraram que não comprariam mais nada dele. Agora, diferentemente dos tempos do regime de exceção da ditadura militar, o consenso público tem uma afinação mais clara com direito e a opinão pública foi se cristalizando em cima da posição, "contrato é contrato, não tem essa de palavra. Zeca Pagodinho ajoelhou e vai ter que rezar". As cartas nos jornais passaram a ser unânimes na pichação do comportamento do cantor.

Prosseguiu a briga na TV entre as duas cervejarias e também nos tribunais, alimentando a discussão na sociedade a ponto de o presidente da Associação Brasileira de Propaganda (ABP) dizer à Folha de São Paulo, no dia 14 de março de 2004: "Lamento que a sociedade esteja envolta nessa discussão de quebra de contrato, de valores tão básicos que jamais deveriam ser colocados em debate."[4]

Nessa altura do campeonato, o cantor ficou como anunciante de sua cerveja preferida, de coração, e os acertos contratuais entre as partes já devem ter sido comercialmente ajustados. Mas o ponto-chave nessa história chama-se reputação. E a conclusão é que, hoje, no mercado publicitário, nenhuma agência ou anunciante vai querer correr os riscos de contratar Zeca Pagodinho para o endosso publicitário e poder vir a ter o rótulo negativo de "traíra" ligado à marca ou ao produto. Tal como o "Canhotinha", Zeca Pagodinho escorregou feio, queimou seu filme, apesar de continuar um compositor popular muito querido.

Essa discussão evidencia um Brasil que mudou na aceitação de valores. Um Brasil que percebe com muito mais velocidade o que é ético e antiético, e que cada vez mais se posiciona pelo que é ético.

O Brasil experimenta o consenso da valorização do respeito à lei

O Brasil vive um contexto novo como nação. Além do mercado de massa, temos um enorme consenso público de que respeito à lei é bom e é para todos. A eleição do presidente Lula é positiva porque sinaliza para a população que a mobilidade social vertical pode ser feita de mãos limpas, independentemente de berço, de classe social ou do poder econômico. Agora, se o Lula sujou ou não suas mãos é coisa que o tempo vai dizer, e a população saberá responder à apuração dos fatos.

O que faz a diferença de uma sociedade para outra não é se os indivíduos de uma são mais éticos que os da outra. É o respeito efetivo à lei. O império da lei não nasce da noite para o dia. Não é produto de indignação. Tampouco nasce de simplificações, tais como Capistrano de Abreu propunha como projeto de constituição brasileira: "Artigo 1º. Todo brasileiro deve ter vergonha na cara. Parágrafo único: Revogam-se as disposições em contrário". É uma construção cívica coletiva, feita a duras penas. Requer a arquitetura, a engenharia e a instalação de um complexo sistema de pesos e contrapesos.

Mas o que mudou, objetivamente, entre o tempo da Lei de Gerson e o episódio da cerveja "traíra", para dar esperança ao 1% de malucos otimistas? Vamos lá! Vou alinhavar alguns argumentos que coletei durante a minha vida de cidadão, eleitor, contribuinte e empresário nas últimas duas décadas.

Os pesos e contrapesos de um sistema democrático de uma nação que transita em direção à idade adulta (ou fazer dentro da lei começa a fazer sentido, finalmente)

- *Rotatividade democrática do poder*

Nunca, no decorrer de sua história como nação, tivemos a rotatividade e o acesso democrático consolidados da forma em que chegamos, nesse começo de século XXI, tão bem sinalizado pela ascensão do presidente Lula ao poder. A rotatividade democrática impede que grupos se enquistem no poder e que o usem sem prestar contas à sociedade, que tem mecanismos dentro da lei e da ordem para encurtar mandatos nos casos abusivos (lembra-se do *impeachment* de Collor?).

- *A vitalidade da sociedade civil*

Cresceu de forma extraordinária, nos últimos vinte anos, a vitalidade cívica da sociedade brasileira, expressa pelas mais de 250 mil ONGs criadas nesse período. Mais e mais vão sendo aperfeiçoados os chamados canais de participação cívica e democrática de uma sociedade que não se limita a votar, que não se contenta em passar cheque em branco para que políticos tenham o poder absoluto sobre o interesse público.

As ONGs não são mais organizações de oposição automática, ou trincheira da resistência democrática do final do período do regime militar. São organizações de diversidade impressionante, que variam em temas, estilos, ferramentas, nível de mobilização etc.. Podem ser altamente sofisticadas do ponto de vista tecnológico quanto podem ser apenas um grupamento de militantes fundamentalistas. Não importa. O que importa é a integração dessa diversidade que revigora a sociedade civil e torna possível que esta não seja refém do Estado, nem de grupos oligárquicos.

- *Liberdade de imprensa, de opinião e de expressão*

Nunca tivemos um nível tão alto de possibilidade de acesso a informações e dados com uma imprensa que é capaz de investigar, analisar e veicular fatos de interesse público. É o melhor dos mundos? Não. Mas vivemos um processo em que o aperfeiçoamento da democracia e do aumento da vitalidade da sociedade civil impõe à mídia o desafio de melhoria contínua. E, em um ambiente de mercado, prosperarão, a longo prazo, as empresas de mídia que saibam cultivar a credibilidade e a capacidade de informar melhor.

- *Ministério Público*

Todo o Brasil tem acompanhado a evolução da independência do Ministério Público na possibilidade de vigiar e apurar desvios relacionados a ações de governos de todos os níveis. Essa é uma instituição ainda muito recente, mas que já tem demonstrado, de maneira inequívoca, a sua importância no aperfeiçoamento da democracia.

- *Lei 8.666 – A Lei das Licitações Públicas*

Nenhuma instância de governo ou de empresas estatais pode fazer compras ou contratações de forma indiscriminada. Essas devem cumprir a Lei 8.666, elaborada pelo então Senador Fernando Henrique Cardoso, aprovada em – note bem como é recente! – 1992.

Vivemos décadas em que as compras e as aquisições do setor público não tinham um marco legal claro que as regulasse em todos os níveis (governos federal, estadual, municipal) e instâncias (administração direta, indireta, estatais). Isso é novo na história do Brasil.

Os empresários sabem que é muito difícil e complicada a manipulação por parte dos contratantes, porque se um funcionário do órgão licitador se atreve a trapacear vai se expor, em primeiro lugar, à vigilância dos concorrentes. Em seguida, existe a vigilância da sociedade, dos tribunais de contas, dos ministérios públicos e da imprensa. A vigilância da opinião pública nunca prescreve. Quem ousar cometer infrações, correrá riscos para o resto de sua vida.

- *Ambiente de concorrência no mercado*

Não basta ter uma lei de licitação se não houver ambiente de concorrência significativa. Porém, também para a sociedade e para os consumidores, o ambiente de concorrência de mercado tem se elevado ao longo dos anos. Aprendemos, como sociedade e como consumidores, que uma economia deve ser sempre um espaço em que uma empresa só prospera e tem direito de continuar a existir se atender, fundamentalmente, aos interesses dos consumidores, e não de grupos privados.

- *A Lei de Responsabilidade Fiscal (LRF) e outros mecanismos de governança econômica e fiscal*

O arcabouço de governança pública econômica e fiscal é muito recente no Brasil. Ainda está sendo testado pela sociedade. Apesar de termos aprimorado da forma mais rápida a governança democrática, o descontrole produzido pela loucura da inflação, durante muito tempo, tornou opaca para a sociedade a maneira com que governantes utilizavam os recursos públicos.

Apenas a partir de 1994, no contexto da estabilização econômica pós-Plano Real, começaram a receber mais atenção da sociedade civil organizada e da imprensa as normas e as regulamentações orçamentárias que devem ser aplicadas aos três poderes (Executivo, Legislativo e Judiciário), nos níveis federal, estadual e municipal.

A racionalidade econômica, incluindo a da governança, isto é, da transparência, tornou-se possível para a sociedade brasileira como um todo apenas no momento em que o País, finalmente, depois de quase vinte anos de inflação e cinco diferentes moedas, conseguiu fazer contas anualizadas, as quais agora podem ser comparadas, sem esforços inacreditáveis, para atualização de moeda.

Nesse contexto, é importante apontar, por exemplo, que apenas recentemente, em 4 de maio de 2000, foi aprovada a Lei da Responsabilidade Fiscal (LRF), que estabelece as normas voltadas para a responsabilidade na gestão de finanças públicas. A LRF permite que a sociedade tenha maior controle e transparência sobre a forma com que os governantes eleitos empregam os recursos sob sua gestão. É neste contexto que a sociedade pode monitorar as ações de controle democrático dos Tribunais de Contas.

- *Ferramentas de monitoração cidadã da governança econômica*

O desenvolvimento da Internet tornou disponível, por meio de portais, o acesso da sociedade civil organizada a informações e dados das contas de governos. O Brasil tem se destacado mundialmente, sobretudo, a partir do segundo mandato do Presidente Fernando Henrique, em construir ferramentas eletrônicas na Internet de vanguarda (portais eletrônicos do governo de uso público). Somos pioneiros no mundo em usar a Internet como canal de recolhimento de declaração de imposto de renda. Cem por cento dos 13 milhões de declarações de pessoa física, em 2004, foram entregues via ReceitaNet. Em termos de *e-governmment*, o Brasil também está assumindo posição de vanguarda. Por exemplo, fomos pioneiros em processos eleitorais ao usar urnas eletrônicas e obter a apuração dos votos em tempo real.

Qualquer jornalista, cidadão esclarecido ou mesmo político de oposição, pode facilmente, sem que seja um *hacker*, minerar dados nos portais dos diversos poderes e níveis de governo, e rastrear licitações à procura de irregularidades. Isso inclui acompanhar os empenhos e pagamentos que os governos fazem, o que diminui muito os abusos de contratação sem licitação.[5]

- *Mudanças e aperfeiçoamento da Polícia Federal*

Um novo paradigma de visão, entendimento e combate ao crime, inclusive à corrupção, está sendo paulatinamente implantado na Polícia Federal. Esse novo paradigma se caracteriza por mais ênfase na inteligência, isto é, no rastreamento e na apuração analítica, do que na repressão pela força bruta, apenas.

Essa tendência auspiciosa ainda não está visível para a opinião pública e para o senso comum de forma geral, que ainda vê o aparelho de combate ao crime de todos os níveis de governo enfiados em um mesmo saco de corrupção e de ineficácia.

Essas boas novas começam a se tornar visíveis por meio de reportagens exemplares, como a matéria de capa veiculada pela revista Veja em 25 de outubro de 2004:

> O processo de autodepuração por que passa a corporação é fruto de duas mudanças que tiveram início nos anos 1990 e começam a se consolidar agora: a primeira, de metodologia; a segunda, de valores. Ao negar o corporativismo e mirar suas próprias fileiras, a Polícia Federal deixa clara a opção por expor suas feridas, para purgá-las em seguida, em vez de escondê-las até que se transformem em um câncer incurável. Se esse saneamento é bom para a instituição, é melhor ainda para o País. A prática comprova que todo esquema de corrupção necessita da cumplicidade de um agente público para subsistir. Das 23 últimas grandes operações executadas, catorze resultaram na prisão de servidores públicos – incluindo, além de policiais federais, rodoviários e civis. Ao atacar esse flanco, ainda que isso signifique cortar a própria carne, a PF ajuda a combater um dos principais pilares da corrupção. O sucesso da prática não traz apenas ganhos morais: produz benefícios concretos para o Brasil, que seriam ainda maiores se outras instituições também empreendessem um processo de autolimpeza.

O serviço de inteligência consiste, basicamente, no exercício de ampliar uma investigação até o seu limite. Em vez de focá-la no propósito de descobrir 'quem-está-fazendo-o-quê-contra-quem', a inteligência se propõe a descobrir, sobretudo, quem está fazendo o quê 'junto-com-quem' – para, a partir daí, fisgar não só bagrinhos como também peixes gordos. Exemplo: ao receber uma denúncia sobre policiais e fiscais da Receita envolvidos em facilitação de contrabando, a PF, até recentemente, ouviria os suspeitos e, a partir daí, passaria a buscar provas que pudessem incriminá-los. Hoje, deixa o esquema funcionar pelo tempo necessário, para que possa monitorar o seu funcionamento por meio de escutas telefônicas e agentes infiltrados, entre outros procedimentos. Mapeado o esquema, as informações coletadas são estudadas por um grupo de analistas que, com base no cruzamento de dados, junta as peças que ajudarão os investigadores a chegar aos cabeças do crime. As megaoperações desencadeadas nos últimos tempos pela PF são resultado da aplicação dessa metodologia. Sem o disparo de um único tiro, elas levaram à prisão de 458 pessoas, incluindo políticos, delegados, empresários e um juiz federal. Na última quinta-feira, esse número foi acrescido de mais 21 pessoas, presas no Rio de Janeiro por envolvimento no narcotráfico internacional.

À medida que a opinião pública toma conhecimento de mudanças como essas, um novo ponto de vista se forma. Perdem força os céticos e cínicos de plantão, os "fracassomaníacos", os cronistas de lamúria fácil. Ganha argumentos de peso o 1% dos pesquisados pela TI que aposta em dias melhores. E a história mostra que uma minoria animada, articulada e, no devido tempo, faz a maioria dançar. Assim em um futuro muito próximo, o Brasil terá uma nova imagem de si próprio.

No momento em que este livro vai para o prelo, início de dezembro de 2005, estamos ainda no começo das apurações do grande escândalo que emergiu ao final do primeiro semestre desse ano com as denúncias de "mensalão", isto é, propina paga pelo partido governista, o PT, a deputados de outros partidos da base aliada tendo em vista o apoio para aprovação de projetos de interesse na Câmara dos Deputados.

Até aqui as apurações mais visíveis estão sendo conduzidas em Comissões Parlamentares de Inquérito, as famosas CPIs que se transformaram em *show* televisivo. Vejam bem, ao contrário do que entendem céticos e cínicos de plantão, apesar do grotesco de certas situações televisivas, a transformação dessas reuniões em *shows* é salutar do ponto de vista de uma democracia de massas que se constrói no seio de uma sociedade onde a TV tem importância crucial. De forma recorrente, a opinião pública, vocalizada em grande parte por jornalistas colunistas e formadores de opinião, teme – e tem razão para tal – que sejam servidas *pizzas* como resultado das apurações da CPIs. Isto é, que permaneçam ocultos os fatos desabonadores e os culpados se livrem das punições.

Vamos ter que ter paciência e ao mesmo tempo a sociedade civil, as lideranças cívicas deverão se manter vigilantes e pressionando para que os pesos, contrapesos e engrenagens de nossa jovem democracia sejam testados e aperfeiçoados.

Que não se tenha a ilusão de que estas coisas serão apuradas com a velocidade que nós gostaríamos. As CPIs serão apenas uma instância institucional, outras trabalharão em dinâmicas diferentes prosseguindo o serviço de trazer a verdade à luz do sol. Polícia Federal, Receita, Ministério Público, Judiciário, indivíduos e instituições da sociedade civil vão realizar um contraponto complexo durante meses à frente, levando em alguns casos até anos. Ao longo desse processo, o papel da imprensa fará toda a diferença. Livre de censura e mordaças, a imprensa de modo geral tem feito até aqui um trabalho primoroso, tanto de análise dos fatos quanto de busca investigativa de elementos importantes para o entendimento do imbróglio envolvendo caixa dois de campanha eleitoral, corrupção ativa e passiva, formação de quadrilha, crimes financeiros etc.

A verdade será destilada ao longo do tempo. Mesmo sendo um processo longo e sinuoso, o braço da Lei vai chegar até lá. Não podemos ter ilusões da agilidade revolucionária "vapt-vupt" típica de regimes ditatoriais ou de exceção. O império do Direito impõe uma complexidade e uma velocidade que para muitos cria a ilusão de impunidade. Democracia é assim.

Sem dúvida, estamos diante da ponta do *iceberg* de um caso gravíssimo. Entretanto, mesmo sendo uma grande crise, isso faz parte de uma democracia contemporânea em construção. Não há razão para que nosso "complexo de cachorro vira-lata" aflore novamente, para que entremos em depressão. Além disso, "o mar revolto faz grandes capitães" diz um velho ditado anônimo. Podemos e temos que ter confiança no complexo *establisment* democrático da nação brasileira que juntos estamos criando. Essa crise terá um efeito depurador e sairemos melhor do lado de lá. Mais uma vez, eu sustento: quem viver verá!

CAPÍTULO 9
O mito de que a criminalidade brota da pobreza

Talvez este seja um dos mitos mais fáceis de advogar revisão, sobretudo porque creio que a sociedade brasileira esteja às vésperas de acertar os ponteiros com os equívocos nascidos dessa visão.

Há algo no ar indicando que a opinião pública brasileira estará sujeita a sofrer fortes oscilações e mudanças consideráveis nos próximos meses e anos à frente. Os sinais iniciais foram dados no surpreendente resultado do referendo sobre a proibição do comércio de armas de fogo que foi realizado no dia 23 de outubro de 2005. Três meses antes do referendo, as pesquisas de opinião pública identificavam uma confortável tendência pelo "sim" de quase 80% do eleitorado.

No entanto, a resposta nas urnas trouxe um retrato extraordinário: uma avalanche de 60 milhões de votos dados por 64% do eleitorado votou "não". Ora, esses 60 milhões de brasileiros não estavam interessados em manter direitos de comprar ou de ter uma arma. Tampouco não foram influenciados pelos marqueteiros do "não". Simplesmente o "não" foi escolhido como uma resposta da maioria da população para governos e políticos de que está farta de ser refém do medo, da insegurança e descrente da inépcia de governantes frente aos desafios da (in)segurança pública.

Como muito bem captou o cronista Luis Fernando Verissimo em crônica logo após o referendo: "... Se o voto no 'Não' do domingo passado mostrou alguma coisa é que o pessoal não está muito paciente — com a lei frouxa, com a tolerância, e muito menos com velhos mitos sobre a nossa amabilidade. Algo mudou na enigmática alma brasileira. Não sei se para pior. Talvez o sentimentalismo fosse mesmo um dos nossos atrasos."

Com base nesta avaliação, eu poderia gastar menos tempo em desconstruir o mito brasileiro de que a criminalidade brota da pobreza e ir para a segunda parte do livro, na qual trato dos desafios, das oportunidades e de novos horizontes. No entanto, moro no Rio de Janeiro...

Além do mito da pobreza como raiz do crime, ainda subsistem visões fantasiosas, conspiratórias e paranóicas, como a cantilena que diz que o tráfico de drogas, essa moderna Hidra de Lerna, com milhões de cabeças, tem seus chefões a viver impunemente nas coberturas da Zona Sul carioca, enquanto os peixes pequenos ficam nas favelas. Essa visão equivocada é parente daquela que acha que o crime é extremamente organizado, quando, na verdade, o Estado é que é desorganizado e incompetente no combate ao crime.

Ocorre que a visão de segurança pública não pode ficar somente nas mãos de governadores, que têm organizações antiquadas e obsoletas em termos de métodos, de tecnologia e, sobretudo, de indivíduos despreparados.

O Brasil como um todo precisa ver que a segurança pública requer uma nova visão estratégica de combate à criminalidade: com concertação estratégida federal, estadual e municipal capaz de orquestrar novos desenhos de organizações, compreendendo métodos, tecnologia e indivíduos e privilegiando a inteligência estratégica mais do que a força bruta.

Isso mesmo, eu disse concertação com "c". Até o momento, temos visto, sobretudo no Rio, patéticas tentativas de consertações com "s", isto é, mexidas no comando da Polícia Militar, mexidas no comando da Polícia Civil, tentativas quase ingênuas de tentar promover a reeducação de uma força policial militar podre até a raiz, em que aqueles elementos não corrompidos estão sendo atirados às feras, como bucha de canhão.

O Governo Federal precisa assumir sua responsabilidade de liderar a radical mudança da segurança pública no País. A sociedade brasileira parece ter aprendido, junto com as administrações federais, que o clima para o desenvolvimento econômico tem tudo a ver com a boa gestão macroeconômica. Da mesma forma, precisamos entender que o progresso requer um clima de respeito à lei e à ordem, também no âmbito da segurança pública.

É "enxugar gelo" achar que a administração estadual sozinha possa resolver essa equação. Os governadores que passam pelo Estado do Rio nos enganam continuamente, pois querem fazer crer que são capazes de equacionar essa questão.

O combate ao crime requer uma abordagem menos de *manu militari* e mais de inteligência estratégica, menos pólvora e mais *bits* e *bytes*, menos revólveres e mais computadores, menos músculos e mais neurônios.

O exemplo está nas mudanças que começam a se processar na Polícia Federal, em que o desfecho das operações, expresso pelas simultâneas prisões de dezenas, às vezes, centenas de criminosos e suspeitos, é feito de forma rápida e certeira, em geral sem oportunidade para qualquer reação ou mesmo de um confronto armado.

Basta de ouvir a lengalenga dos chefes de polícia e a arenga de secretários e subsecretários. Chega de irresponsabilidade e incompetência dos sucessivos governadores que têm passado ao longo das décadas sem assumirem claramente que necessitamos de uma nova política nacional de segurança pública e que o Governo Federal deve estar no comando.

Vamos descobrindo todos nós que a criminalidade brota mesmo da impunidade.

BASTA!

CONCLUSÃO
O Brasil Copo Pela Metade

A vida de um país pode ser tão dinâmica quanto a existência de uma pessoa e de um organismo. Mudamos. Tudo muda. Podemos mudar para melhor, inclusive.

Precisamos nos emancipar da visão negativa e "fracassomaníaca" que criamos nós mesmos de nosssa sociedade. Precisamos atualizar a cultura brasileira a fim de colocar às nossas costas o miserabilismo infantil e rabugento que tem predominado durante tantas décadas.

Como um paciente de terapia que só consegue superar seus traumas após verbalizá-los e vivenciá-los novamente, chegou a hora de o Brasil se olhar no espelho, ter uma conversa consigo mesmo e ver que cresceu. Se não é uma nação completamente adulta, é pelo menos um adolescente que atingiu maioridade. E Deus sabe como os adolescentes sofrem nessa transição, alternando euforia e medo na chegada da emancipação.

Passar de país a nação é a nossa grande conquista da virada do século XX para o século XXI. A grande diferença entre ambos é o fato de que uma nação é composta de cidadãos que compartilham um forte sentimento de compromisso mútuo pelo destino coletivo em direção ao futuro.

Um país é um aglomerado de habitantes. A maior parte dos países africanos não é ainda uma nação porque seus habitantes têm referência tribal mais forte do que a cidadania nacional.

O sentimento de nacionalidade apenas como referência de país – onde se nasce ou se vive, e não como sentimento de responsabilidade coletiva – parece ter prevalecido ao longo da história do Brasil até quase recentemente. Nas décadas de 1980 e 1990, quando o mercado Brasil-Belíndia foi se metamorfoseando no mercado do Exército de Formigas, é que o Brasil evoluiu mais rapidamente em termos de cidadania e, finalmente, deu um salto espetacular sinalizado com a eleição do Presidente Lula.

Essa eleição é um histórico marco de passagem, tão importante quanto outras realizações cívicas, como a nossa independência, a república, a abolição da escravatura. O fato de termos finalmente um presidente saído das camadas populares, escolhido em processo democrático livre, transparente; um homem sem qualificação acadêmica, de mãos limpas, sem vinculações oligárquicas viciadas, é o marco da passagem do Brasil do *status* de país para o de nação. O Presidente Lula foi eleito como chefe de governo, e não como profeta ou caudilho. Mesmo que, ao final de seu mandato, o balanço deixe claro suas limitações e deficiências como administrador e líder, hoje, para todo brasileiro pobre, rico, preto, branco, homem ou mulher existe uma referência de que a mobilidade social vertical é um fato.

No momento em que escrevo, outubro de 2005, ainda não está claro até que ponto o Presidente Lula tem as mãos sujas ou não. O tempo dirá com base nas investigações conduzidas sob clamor público que tem crescido. Se ficar comprovado efetivamente que o Presidente Lula traiu a esperança de seus eleitores, ele não será lembrando apenas como inepto...

Isso significa uma mudança qualitativa na história do Brasil e faz com que todos compartilhem uma nova crença de que existe um sistema de regras que mereça ser cumprido. Uma nação é uma sociedade na qual há consenso de que vale a pena ser virtuoso, caso contrário é apenas um local de naturalidade ou de residência. Pior que isso, um ajuntamento sem um mínimo de laços cívicos.

O historiador José Murilo de Carvalho chama de "bestializados", isto é, que perderam os traços humanos, animalizados, embrutecidos os habitantes do Rio de Janeiro que acompanhavam o desenrolar dos acontecimentos que desembocaram na Proclamação da República, vista pela maioria como um ato que teve poucos beneficiários. Contraste-se essa passagem com a posse do Presidente Lula, em janeiro de 2002, que foi um ato cívico extremamente popular, em que a imensa maioria dos brasileiros se sentiu representada ao ver Lula não como um populista ou um pai dos pobres, mas "como um de nós", conforme dizia uma humilde senhora entrevistada pela TV.

Precisamos valorizar cada uma das conquistas que foram resultado de nossos esforços coletivos, e não presente desse ou daquele político salvacionista. Éramos uma colônia. Tornamo-nos um país onde a escravidão funcionou por 67 anos. Fomos deixando de ser um país rural. Vimos avançar a industrialização. Passamos a ser o Brasil-Belíndia, uma nação onde cidadãos eram apenas aqueles que viajavam na reduzida primeira classe.

Os anos 1980, após o fim do regime militar, marcam a aurora da nação brasileira com os mandatos de dois presidentes comprometidos com a democracia, como o Presidente Fernando Henrique e o Presidente Lula. Esses dois, apesar de seus defeitos, tornam a Presidência enfim reconhecida como uma instituição da qual emana autoridade legítima. Agora depende muito de nós.

É muito popular entre os brasileiros a conhecida expressão "nós quem, cara-pálida?", que alude à anedota do Zorro e do Tonto. Aquela na qual essa resposta teria sido dada pelo índio ao seu parceiro, quando esse exclamou "nós estamos perdidos" ao se verem cercados por várias tribos. Não vivemos mais em um país condenado à fatalidade da divisão entre opressores e oprimidos. Entre divisões maniqueístas do tipo "nós quem, cara-pálida?".

Vamos encontrar, ainda, em nossa nação muito do que desanima, situações que devem ser denunciadas em prosa e verso, em canções e comícios, em *sites* e *blogs*. Mas chegou o tempo em que a denúncia é a parte mais simples do desafio coletivo e individual de mudar, diferentemente do que fizemos até pouco tempo, quando a cidadania era um privilégio restrito a minorias.

A velha piada de que o "Brasil é o país do futuro, e sempre será" já está ultrapassada. O Brasil é hoje um copo pela metade, depende de sua própria atitude frente à realidade: meio cheio para uns e meio vazio para outros.

Quem faz a história, quem constrói o futuro, quem faz a diferença são os otimistas e os visionários, aqueles teimosos que ousam correr riscos e sabem que a vida deve ser levada com o ânimo de matar um leão por dia.

Desculpem-me, mas não tenho tempo para céticos e cínicos, porque "só quero saber do que pode dar certo", e é disso que trata a nossa segunda parte.

PARTE 2

Em busca do que pode dar certo

Enfocando e priorizando, de forma estratégica, os desafios e as oportunidades que se colocam à nossa frente.

CAPÍTULO 10
E agora: as más notícias...

Para quem chegou até aqui, provavelmente a percepção construída com base em meu balanço feito na Parte 1 é de que, afinal de contas, o Brasil não está tão mal quanto falam políticos na oposição, colunistas herdeiros da tradição do miserabilismo, fundamentalistas de esquerda, céticos, cínicos e "fracassomaníacos".[1]

No entanto, se ficou essa impressão, devo dizer que não era exatamente o que eu queria passar. Devo ter errado na dose. Minha intenção foi desconstruir mitos edificados ao longo de nossa história, que se cristalizam como estereótipos, como clichês, que são sintéticos e, portanto, fáceis de carregar em nossos neurônios de memória.

Imagens, reputações, impressões são simplificações construídas por pessoas, organizações, sociedades em processos históricos. No entanto, tudo muda, mas só percebemos quando acontecem descontinuidades bruscas. Aquilo que vai sendo transformado de maneira incremental, isso é, de forma cumulativa, sem rupturas abruptas, é mais difícil de perceber. Muitas vezes, não nos damos conta de que envelhecemos ano após ano, nossos filhos crescem, nosso bairro muda. Até que um dia algo ocorre e um pequeno grupo, ou algo dentro de nós mesmos, começa a levantar a questão de que o estereótipo construído não dá mais conta de sintetizar a realidade.

O confortável estereótipo se tornou um mito, isto é, uma idéia falsa sem correspondência na realidade; deve ser, portanto, revisto e atualizado como imagem simplificadora da realidade. Talvez até descartado. A revisão dos mitos permite descortinar os problemas reais que nos desafiam. É a possibilidade de "ficar de frente para o crime", isto é, para aquilo que não pode nem deve ser escondido. Desconstruir um mito é sempre como um novo despertar.

Essa foi minha intenção na Parte 1. Longe de mim assumir que tenho um otimismo cego e ufanista. Para provar o que digo, nas próximas seções são arroladas as más notícias. Aquelas que, em meu juízo, trazem perguntas novas para a nação Brasil; para as quais as velhas respostas não fazem mais sentido.

Estamos em situação muito melhor do que a maioria, do que o senso comum acredita; porém, poderemos ficar em situação muito pior do que a maior parte dos brasileiros imagina se não formos capazes de responder, como nação, às seguintes más notícias que, mais à frente, estarei a enumerar.

Para cada má notícia, uma nova pauta: os problemas como desafios nacionais coletivos

Dificilmente as pessoas comuns falam bem do governo e de políticos. Isso é consenso mundial. Porém, eu não gostaria de fazer média com o leitor falando mal genericamente do governo e dos políticos. Não quero assumir uma postura maniqueísta: nós do lado de cá dos "caras-pálidas", do lado do "eu sou do bem", onde estão as pessoas comuns, decentes, trabalhadoras, virtuosas e puras que podem atirar pedras nos "caras maus" do lado de lá, formado pela elite cruel e corrupta, pelos oportunistas, demagogos e incompetentes.

Acho essa postura equivocada e ultrapassada, porque a Humanidade talvez nunca tenha oferecido tantas oportunidades para a auto-realização e mobilidade social dos indivíduos quanto nos tempos em que vivemos. Pense onde estava Nelson Mandela há vinte anos. Encarcerado. Lula? "Tocando piano" no Departamento de Ordem Política e Social (Dops) paulista, isto é, sujando os dedos de tinta para ser fichado na polícia política da ditadura militar.

Todas as conquistas da Humanidade trazem novos problemas. Exemplo: individualmente falando, viver mais tempo é uma conquista. No entanto, coletivamente isso traz problemas novos. O aumento da expectativa de vida, que no Brasil passou de 33 anos (1900) para 69 anos (2003), traz problemas seriíssimos para o sistema de aposentadorias públicas e privadas. Traz, ainda, os desafios para a coletividade de uma Humanidade mais envelhecida para sustentar, cuidar, nutrir e socializar. Uma conquista traz novos problemas. Essa é a vida.

As novas tecnologias da informação (telecomunicações e informática) representam uma oportunidade para expandir nossos horizontes pessoais de conhecimento, de contatos e de intercâmbio, mas trazem o problema da redução dos empregos tradicionais, na medida em que as organizações, sejam privadas ou governamentais, vão investir nessas tecnologias para ganhar em produtividade. Produtividade é, pura e simplesmente, fazer mais com menos, incluindo menos gente. Daí que, a rigor, a economia do século XXI é, estruturalmente, uma máquina de moer empregos.

As próximas páginas não pretendem ser um libelo contra o governo, políticos e elites corruptas. O desafio é entender que as más notícias, tal como as apresento, são desafios coletivos e individuais. Nós somos parte do problema e também da solução.

O objetivo dos capítulos que se seguem é constituir uma agenda dos grandes desafios que se colocam à nossa frente e de pistas acerca de possíveis caminhos para solucioná-los. Não como propostas de utopias, porque as soluções que encontrarmos serão um dia respostas insuficientes e, mais à frente, caducas.

Nas sociedades democráticas, o desencanto com as lideranças políticas é praticamente universal. Um dos grandes desafios do século XXI é aprimorar o sistema democrático, tarefa da sociedade como um todo e não meramente daqueles que são eleitos. Se a sociedade civil for capaz de identificar com mais clareza as "questões flamejantes", aquelas que devem constituir uma agenda prioritária para funcionar como pauta para as lideranças políticas, e se, além disso, for capaz de compreender quais expectativas deverão ser cumpridas, ou seja, os resultados que se esperam que as lideranças políticas atinjam em curto, médio e longo prazos, estaremos dando um grande passo à frente.

Ocorre que em sociedades nas quais a clarificação das prioridades é fracamente realizada, habitualmente se entrega um cheque em branco para as lideranças políticas. Imagine acordar seu filho pequeno pela manhã e não dar a ele nenhuma tarefa, atividade. Provavelmente ele/ela vai ficar como um zumbi o dia todo em frente à TV ou no joguinho do computador. Imagine uma empresa em que os acionistas simplesmente entregam o controle a executivos, sem estabelecer metas?

A grande tarefa de aprimoramento da democracia para as próximas décadas é lograr uma sofisticação do debate político. Quero dizer com isto que precisamos produzir maior capacitação do conjunto dos cidadãos para que esses entendam, com mais clareza, quais as grandes questões e possíveis eixos de soluções passíveis de serem equacionadas pelo governo. É dessa forma que as eleições passam a ser processos de maior apelo participativo, em que as lideranças políticas são escolhidas para um mandato que tem uma agenda mais clara; em que apenas boas intenções não são o suficiente para eleger ninguém. Afinal, o inferno está cheio de gente bem-intencionada.

Winston Churchill dizia que "é dito que a democracia é a pior forma de governo, tirando-se todas as outras que já foram tentadas", por isso temos o desafio de aprimorá-la permanentemente. O desafio nos tempos à frente, tempos em que a Humanidade se encaminha para o que poderá ser a Era da Sociedade Digital Global, é tornar a democracia um sistema em que as eleições sejam um processo cívico mais atraente e racional para as pessoas comuns participarem. Um processo em que as escolhas se façam em cima de um consenso público que tenha clareza das questões prioritárias que possam ser delegadas a lideranças competentes escolhidas para fazer a coisa certa, e que se comprometam com prioridades, metas e perspectivas realistas. É importante aperfeiçoar a democracia estreitando as chances e espaços para o aparecimento de demagogos, oportunistas e ineptos, que apesar das boas intenções, não são capazes de cumprir o prometido nem enxergar os rumos estratégicos corretos.

Políticos têm sido eleitos mais por suas capacidades "performáticas" de fazer promessas em torno de temas gerais, como o fim da miséria, empregos para todos, crescimento da economia, do que por suas competências para fazer a coisa certa. Isso é ruim para todos, a ponto de ter gente dizendo que era melhor no tempo da ditadura. E é por esse motivo que há tão alto absenteísmo eleitoral em democracias maduras, atingindo surpreendentes níveis de 50%, 60% de não comparecimento às urnas, nos EUA e no Reino Unido.

A proativa e sofisticada cidadania planetária, que começamos a aprender, tem tudo a ver com a capacidade de lideranças cívicas de traduzir inquietantes notícias e tendências alarmantes em pautas simples, que possam tornar tangíveis as grandes prioridades de tal forma que um comprometimento mútuo seja produzido entre sociedade e líderes políticos.

Análise de assuntos humanos e da sociedade são questões mais complexas do que a análise da natureza. De qualquer maneira, é uma analogia inspiradora ver como fenômenos extremamente complexos da natureza têm sido decifrados, quando um cientista consegue, com grandes esforços geniais, por fim, sintetizar todo um universo de complexas relações. Por exemplo, $E=mc^2$ é a chave que abre os segredos da física da relatividade; a mecânica celeste pode ser entendida com as três leis de Newton; o conjunto extraordinário das relações no âmbito do eletromagnetismo é sintetizado pelas quatro belíssimas equações de Maxwell. Todas essas realizações sintéticas da Humanidade aconteceram em períodos recentes. Será que não podemos nos inspirar nessas práticas para aperfeiçoar o sistema democrático de gestão dos negócios públicos, isto é, os governos dos seres humanos?

Não estou a propor uma ciência matemática de governo, pois isso é bobagem, mas um refinamento permanente da democracia. Se em cada eleição a sociedade pudesse clarificar as tarefas prioritárias que governos deverão se comprometer a cumprir, certamente estaremos avançando na arte da governança, isto é, na capacidade da Humanidade em delegar tarefas de interesse da coletividade e de cobrar resultados aos responsáveis por tais tarefas. Trata-se de um processo de melhoria das relações sociais, no qual os cidadãos serão menos reféns de políticos incompetentes, de demagogos e de oportunistas.

Porém, antes de apresentar aqueles que são, a meu juízo, os temas cruciais que deverão se constituir nas prioridades do novo sonho brasileiro, quero fazer uma observação importante para melhor enfocar a realidade brasileira.

A percepção mais clara das más notícias, às quais me referi na seção anterior, passa pela necessidade de nós, brasileiros, descobrirmos uma forma de encarar a nossa realidade, fundamentalmente superando a miopia macroeconômica que adquirimos nas últimas décadas. O que quero dizer com isso?

CAPÍTULO 11
Para além da miopia macroeconômica

Desde meados dos anos 1980, a macroeconomia tem sido uma obsessão nacional. Uma fixação quase tão presente quanto o futebol. Também pudera! A preocupação em mandar de volta para a jaula o dragão da inflação foi tema central nestes últimos vinte e poucos anos. Começamos pelo Plano Cruzado, em fevereiro de 1986. Em seguida tivemos o Plano Bresser, o Plano Verão, os Planos Collor I e II e, finalmente, o Plano Real, em 1994.

Por anos a fio, temos tido que aturar economistas a desfiar os mais variados modelos e teorias econômicas, ortodoxas e heterodoxas, criando moedas como nunca se viu na história de nenhum outro país (cruzado, cruzado novo, cruzeiro, URV, real) e bolando maldades incompreensíveis e injustificáveis para a população, como o confisco de ativos em conta corrente e em poupança, além do congelamento de preços como na economia soviética. Tivemos de sofrer a humilhação de escutar, bestializados, demagogias do tipo "fiscais do Sarney" e a "bala de prata" do Collor.

A macroeconomia elevou-se à categoria de *show business* no Brasil, quando testemunhamos inacreditáveis entrevistas e programas de TV com os engravatados dos departamentos de economia da Pontifícia Universidade Católica do Rio de Janeiro (PUC-RJ) *versus* Campinas, que teciam discussões sem fim sobre âncoras cambiais, se o câmbio deveria flutuar ou manter-se fixo, se o Comitê de Política Monetária (Copom) precisaria descer ou subir 0,25%.

Até que um dia descobriu-se que a gestão da macroeconomia deve ser o reino da tranqüilidade, no qual se mexe o menos possível. Nesse contexto das fortes emoções ligadas à macroeconomia, o País parecia ter tomado juízo no Plano Real e isso vem sendo ratificado com o governo Lula, que falava cobras e lagartos da política macroeconômica do governo FHC, mas que, ao chegar ao poder, mostrou que não tinha muito o que mudar.

De toda essa loucura de domar a inflação e defender a moeda nacional, durante uma sucessão de crises econômicas internacionais, ao longo das décadas de 1980 e 1990, adquirimos uma disfunção: a síndrome da miopia macroeconômica. De tanto usar cachimbo, a boca fica torta; nesse caso, de tanto ficar olhando os instrumentos de navegação do Brasil que monitoram os indicadores macroeconômicos (PIB, inflação, juros, câmbio, renda *per capita* etc.), perdemos paulatinamente a percepção da gravidade de outras questões. De tanto olhar uma árvore, perdemos a capacidade de compreender a floresta como um todo.

A estreiteza de visão, que no caso do Brasil chamei de miopia macroeconômica, pode acometer qualquer um, em qualquer campo de atividade. Por exemplo, médicos de UTI são, reconhecidamente, péssimos clínicos gerais. A necessidade de passar a olhar os pacientes por meio de aparelhos que monitoram os sinais vitais, como temperatura, pressão sangüínea, batimento cardíaco etc., torna-se um hábito que faz, com o tempo, que o médico de UTI perca a capacidade de compreender outras dimensões fisiológicas do paciente. Assim, progressos e problemas que estão fora dos monitores são simplesmente ignorados. Por isso o tempo de internação em UTI deve ser restrito, fundamentalmente porque periga de o paciente vir a "morrer de UTI".

Passamos tempo demais internados nas mãos de economistas que tentavam curar-nos nos planos de estabilização. É tempo de ver as árvores e a floresta, sair do mundo unidimensional da macroeconomia e encarar os complexos problemas que a "esfinge-decifra-me-ou-te-devoro", na entrada do século XXI, nos traz.

CAPÍTULO 12
Das más notícias à formação de uma nova agenda Brasil para o progresso sustentável

Como já disse, um país só pode ser entendido verdadeiramente como nação quando a maior parte de seus habitantes se sentir cidadãos co-participantes, isto é, participantes de um complexo modo de vida coletivo, regulado por leis e costumes frente aos quais as pessoas se sintam co-responsáveis.

Mesmo que haja uma multiplicidade de interesses e diversidade de indivíduos, uma nação também pode ser vista como um organismo vivo de alta complexidade. Quando os cidadãos de uma nação têm clareza de suas urgências e trabalham de forma convergente para equacioná-las, isto se converte em uma vantagem competitiva para essa sociedade nacional, porque todos passam a criar sinergias de suas ações com respostas estratégicas às prioridades.

Na Parte 1, meu objetivo foi desconstruir os mitos equivocados que passaram a se constituir em obstáculos para que pudéssemos estabelecer as urgências da nação brasileira, nestas primeiras décadas do século XXI. Agora é hora de falar de uma nova visão, um novo sonhar.

Advogo que um novo sonho brasileiro é possível. Não um sonho de utopias e boas intenções de paraíso na Terra. Mas um sonho como uma visão de horizontes estratégicos para os quais podemos caminhar juntos, por meio de uma sinergia, de uma convergência de pautas de políticas públicas, de parcerias, de ações públicas, privadas, coletivas e individuais.

Para visualizar novos horizontes, ouso começar pela apresentação do que encaro como as mais graves "más notícias":

- O País está submerso em informalidade que cresce como um câncer em metástase;
- A criminalidade está fora de controle;
- Padecemos de um estatismo exagerado e é extremamente alto o nível de obesidade e de ineficiência do governo;
- Não estamos conseguindo gerar empregos e trabalho, nem em quantidade nem em qualidade, para as necessidades da sociedade brasileira;
- Temos falta de foco e ineficiência em reduzir e aliviar a vulnerabilidade social; e
- Temos uma baixa inserção internacional como nação.

A "má notícia" não deve ser entendida como um diagnóstico. É o primeiro passo da identificação de um problema estratégico, que deve ser visto como um desafio a ser superado. A resposta ao desafio é a articulação de uma agenda. Visualizar a agenda da coisa-certa-a-fazer é o primeiro passo concreto na transformação de um sonho em realidade.

CAPÍTULO 13
O desafio da informalidade

A má notícia: o Brasil está submerso em informalidade, que se alastra como câncer em metástase.

A AGENDA DA DESINFORMALIZAÇÃO

O que é informalidade?

É o conjunto de atividades extralegais, porém, não ilícitas, desenvolvidas por indivíduos e empresas de forma irregular, ou seja, com base no não cumprimento de regulamentações, que são, via de regra, governamentais e implicam custo significativo por meio de impostos e taxas. E essa é a razão para que esses indivíduos e essas empresas prefiram permanecer na informalidade.

Em resumo, o camelô que vende na esquina, a van ou a perua que pega o passageiro no ponto de ônibus e a empresa que fabrica no fundo de quintal são exemplos de atividades lícitas, porém irregulares. Por isso, se diz que pertencem à economia informal. Já o tráfico de drogas, o jogo e a prostituição são atividades ilícitas.

Mas é informalidade, também, o loteamento sem regularização na prefeitura ou no cartório, a casa da favela cujo proprietário fica excluído do mercado formal de imóveis da cidade.

A informalidade é como um câncer que poderá crescer até asfixiar a capacidade da nação de agir coletivamente. Uma nação não se faz apenas com um pacto político no qual todos são eleitores, é preciso também um pacto econômico e social. Quanto maior o nível de inclusão dos indivíduos e dos atores produtivos, maior a capacidade do Estado para equacionar a agenda que lhe foi delegada pela sociedade.

A princípio, pode parecer que a informalidade é um bom negócio para indivíduos e empresas em países em que o Estado sobrecarrega os atores econômicos com taxas e impostos. No entanto, na informalidade, tanto indivíduos quanto empresas ficam expostos aos problemas e vulnerabilidades decorrentes da ausência da lei e da ordem.

Se você é um camelô, portanto, não tem custos com aluguel, alvará etc., tudo bem nos primeiros tempos; mas se o seu ponto melhorar, certamente vai aparecer alguém para tomá-lo na "marra" ou para achacá-lo. Além disso, se o camelô ficar doente, ou quando envelhecer, enfim, se tiver que parar de trabalhar, não poderá usufruir daquilo que a sociedade, por meio do Estado, criou como mecanismos de seguridade social disponíveis em contrapartida para os que estão na formalidade.

Para quem é dono de uma empresa, a informalidade certamente lhe dará vantagens competitivas imediatas: desonerado de impostos, seu preço final será mais barato e, portanto, maior a margem de lucro. No entanto, esse empresário informal verá que terá dificuldades para crescer, não terá acesso a crédito, de capital, nem poderá regularizar o crescimento de seu patrimônio individual. Da mesma forma que um indivíduo, uma empresa na informalidade está muito mais exposta a predadores, achacadores, à concorrência ilegal etc.

E por que, então, cresce a economia informal? Lembra-se do Brasil-Belíndia? Pois é. A confusão de dois países desiguais em um só. A Índia da Belíndia crescia a taxas vegetativas muito mais altas que a Bélgica da Belíndia, gerando o que é hoje um dantesco e perigoso alto nível de informalidade. E é preciso compreender que as chances do informal hoje perder-se no mundo do ilegal de amanhã são muito grandes.

A informalidade no setor habitação de baixa renda

Como já mencionado, a informalidade não é só na produção e no consumo. Vejamos, por exemplo, o caso da habitação do mundo da baixa renda. Quem acha que o favelado de classe média, que mora em uma casa de três andares na Ladeira dos Tabajaras, em Copacabana, está feliz com o fato de não pagar o Imposto Predial e Territorial Urbano (IPTU)? Ele não leva qualquer vantagem em não pagar. Ele não está feliz com isso.

Quando ele se estabeleceu, chegado da Paraíba no meio dos anos 1970, era um terreninho de difícil acesso, onde ele plantou um barraco de zinco. O tempo passou, ele conseguiu emprego de porteiro em Copacabana mesmo. Lavou carros, fez biscates, investiu no imóvel, construiu em alvenaria, mobiliou e hoje está orgulhoso porque trouxe a irmã, a mãe e os outros irmãos que habitam nas proximidades. O tráfico é a sua maior preocupação, sente-se refém. Não existe aquela do Robin Hood do morro. Às vezes, pensa em mudar, não por uma questão de medo, mas por simples conveniência. Precisa menos de espaço. Um "conjugadão" na avenida Barata Ribeiro, em Copacabana, daria bem pra ele e a patroa. Poderia ir até caminhar na praia de manhã. Mas não pode. Não tem os tais dos papéis. Só tem a posse. Não tem direitos plenos de propriedade.

Informalidade é sempre um mau negócio para todos, principalmente a médio e a longo prazos. Bens imóveis (casas, apartamentos, lotes), cujos ocupantes têm somente a posse, mas não têm a propriedade reconhecida, constituem uma dimensão preocupante da informalidade, sobretudo pela escala de massa que o problema configura. A maioria das pessoas que estão nessa situação, moradores de favelas e loteamentos populares, investe suas economias durante anos em melhorias de suas moradias e não pode recuperar esse investimento, pois está impedida de comercializar a sua posse no mercado formal. Por essa razão, os imóveis informais perdem valor.

A informalidade no setor de habitação de baixa renda é um dos maiores entraves no processo de trazer para o mercado uma enorme massa de brasileiros, gente que poderia passar da condição de pobreza relativa para a situação de classe média emergente com muito mais agilidade.

Esse problema foi trazido à baila e dissecado de forma magistral por um economista peruano, chamado Hernando de Soto, que conseguiu escapar daquela síndrome da miopia macroeconômica. Suas grandes "sacações" em microeconomia, informalidade e pobreza certamente o credenciam a uma indicação para o Nobel de Economia, que pode vir nos próximos anos.[1] Soto é lido e discutido avidamente e requisitado como consultor de programas governamentais pelo mundo afora. Por quê?

No estilo de encurtar uma história longa, Soto advoga que o Estado deve implementar, de forma rápida, programas de regularização fundiária e habitacional em grande escala em favelas e assentamentos, isto é, dar um título de propriedade a quem já tem a posse. Com esse título, as pessoas resgatariam rapidamente o valor do capital que elas investiram durante anos em suas moradias.

Isso traria um rio de recursos para a sociedade como um todo, pois os donos dessas moradias poderiam até hipotecá-las para comprar carro, pagar a faculdade dos filhos, ter recursos para as horas de aperto. Além disso, essas pessoas se tornariam contribuintes, pois passariam a pagar taxas e impostos. Passariam, também, a ser consumidores de maior potencial.

Ao decolar do Aeroporto Santos Dumont, na ponte aérea Rio–São Paulo, ao olhar para a direita, você verá a massa de edificações em Copacabana. Reflita nesse momento sobre o fantástico investimento coletivo realizado ao longo de três gerações para criação daquela massa de edificações. Aquilo é riqueza gerada e mantida por um complexo concerto econômico-produtivo entre comunidade local, sociedade, setor privado e governo. É capital vivo de indivíduos e da sociedade.

Seu avião agora sobrevoa a favela do Vidigal, aquela no plano inclinado com uma vista magnífica de cima da Avenida Niemeyer, logo após o Leblon. E, em seguida o, avião passa em frente ao complexo da Rocinha. Veja só que massa de edificações tão impressionante, em termos de escala, quanto Copacabana, Flamengo, Ipanema e Leblon? No entanto, isso pode ser considerado capital morto, apesar do complexo e intenso concerto econômico-produtivo de indivíduos de baixa renda, que ao longo de duas gerações, têm realizado tremendos esforços para gerar e manter riqueza.

Na cidade do Rio de Janeiro, com 5,9 milhões de habitantes, estima-se em mais de um milhão a população residente em favelas. Um de cada quatro domicílios está situado em favelas ou em assentamentos irregulares. Quer números arredondados? Mais de 300 mil domicílios do município situam-se em favelas e loteamentos de baixa renda e seus proprietários não têm direitos plenos de propriedade. Isso tudo é um estoque de capital morto. Sem direitos plenos de propriedade, seus proprietários perdem. O governo perde contribuintes. A sociedade perde ativos que não podem ser comercializados de forma plena. Um jogo em que todos perdem. Ninguém ganha.

Capital morto. Essa designação foi uma expressão cunhada e usada por Hernando de Soto em seu livro *O mistério do capital* (Record, 2001). Mas esse capital pode ser ressuscitado, pode ser trazido para integrar a riqueza coletiva da nação. O primeiro passo é possibilitar que os proprietários desses domicílios obtenham a regularização fundiária. Hernando de Soto não é apenas um economista teórico. Ele tem sido um consultor atarefado, viajando pelo mundo inteiro, sobretudo por países emergentes, ajudando governos a ressuscitar e a reintegrar esse capital morto à vida econômica e produtiva por meio de grandes programas de regularização fundiária.

Por que não fazemos isso com mais velocidade no Brasil? Por muito tempo, as visões ideológicas de esquerda e de direita tiveram enfoques errados a respeito de favelas e de assentamentos de baixa renda.

Ideologicamente, quem estava à direita até bem pouco tempo acreditava que só restava remover de forma drástica os pobres favelados, sobretudo das regiões onde eles contaminavam a pureza da cidade formal. Quem estava ideologicamente à esquerda acreditava, de forma correta, que a favela foi a solução habitacional e urbanística possível encontrada pelos pobres do Brasil-Belíndia. Para corrigir essa situação, de acordo com a visão à esquerda, o Estado deveria melhorar a infraestrutura, mas não deveria dar a propriedade aos donos das habitações. Aqui, o erro. O medo do mercado. O medo era de que o favelado mais pobre venderia seu bem para o pobre mais abastado e seria expelido para áreas ainda mais pobres, sem a chance de se beneficiar das melhorias feitas pelo Estado.

As cadeias informais de produção

Mais uma vez eu o convido, caro leitor, a olhar para uma favela com outros olhos. Agora, peço a você para considerar o complexo da favela do Jacarezinho, no Rio de Janeiro. Essa dá pra você ver quando seu avião for aterrissar no Galeão, se você estiver sentado do lado direito.

O senso comum pensa na favela apenas como local de moradia. Isso é correto? Não. Na favela, como em quase todo assentamento de baixa renda, a lógica de mercado começa a funcionar mais cedo ou mais tarde. Gente, seja de alta ou baixa renda, consome. E negócios, sobretudo os serviços, vão aparecendo para atender esses consumidores, estejam onde estiverem. Resultado: a favela é um tecido urbano de uso misto. Além de uso residencial, abriga serviços e produção.

Voltemos ao Jacarezinho: 58 mil residentes, 17,2 mil domicílios. Aproximadamente mil deles, mais precisamente 934,[2] são unidades comerciais e não-residenciais. Tipo de uso? Os mais variados: locadoras de vídeo, quitandas, creches particulares, comércios de alimentação, bancas de revistas, academias de ginástica (você leu corretamente!), revelação fotográfica, comércio de telefones celulares, venda de botijão de gás de cozinha, consultórios dentários, escritórios de advocacia, de contabilidade, armarinhos etc.. Informalidade? Nas alturas! Apenas 14,87% dos imóveis de finalidade não-residencial têm atividades com registro no Cadastro Nacional de Pessoa Jurídica (CNPJ) e apenas 18,2% têm licença estadual ou municipal para operar.

Existem atividades que formam verdadeiras cadeias produtivas, entrelaçando vários produtores diversificados. Exemplos: o pão que se vende nas esquinas da cidade em carros com alto-falantes, confecções (biquínis, lingerie). São cadeias produtivas invisíveis que envolvem atividades tão diversas que vão do setor de alimentação (você sabe onde são feitos certos picolés e sacolés vendidos nas praias?) a gravação pirata de CDs. Até produção de pipas. Isso mesmo, crianças não fazem mais pipas como antigamente. As pipas do Rio já são há muito tempo feitas em massa em indústrias de fundo de quintal. As crianças cariocas só compram pipas prontas, em geral a R$ 1,00, com margem de lucro entre R$ 0,30 e R$ 0,70 por unidade para o produtor. Tem favela no Rio que produz 300 mil pipas por temporada. O bambu (ou a taquara) vem em caminhões lotados de Mar de Espanha (MG), que estacionam para descarregar na porta das favelas, onde existem verdadeiras fábricas de pipas. Aliás, em face da demanda enorme no Rio, o bambu de Mar de Espanha já começa a escassear. (Curiosidade: procurei saber o que faz o bambu de lá tão especial: o gomo é maior, mais longo. Quem já fez pipa sabe o que quero dizer.)

A informalidade laboral nos setores tradicionais da economia

Os casos relatados aparentam ser pitorescos e mostram a capacidade criativa e empreendedora de uma parcela da população que faz isso porque não tem acesso ao emprego formal. Muitos, aliás, já se conformaram e não correm mais atrás de serviço com "carteira assinada". Já descobriram como sobreviver na informalidade. Mas isto não é bom para ninguém.

É muito difícil medir o tamanho da informalidade das micro, pequenas e médias empresas, afinal essa é uma economia caracterizada exatamente pela aversão à regulamentação e ao controle. Ao usar dados de pesquisas do IBGE sobre trabalhadores que afirmam ter emprego e não têm carteira assinada, alguns pesquisadores estimam que 63% do total dos trabalhadores do Brasil estão na informalidade (Instituto Global McKinsey); outros mais moderados, como o Professor José Pastore, falam que 31,7 milhões de brasileiros têm carteira assinada, contra 47,5 milhões sem carteira assinada. Portanto, pode apostar que, no Brasil, 60% dos trabalhadores estão na informalidade.[3]

O que fazer?

Existem duas avenidas de linhas estratégicas para reduzir a informalidade na economia produtiva. A primeira é a redução da carga tributária, a outra é a simplificação da regulamentação sobretudo para as micro, pequenas e médias empresas. Princípios simples de entender, operações descomplicadas e impostos mais baratos são o antídoto contra a informalidade.

Monteiro Lobato dizia: "Ou o Brasil acaba com a saúva, ou a saúva acaba com o Brasil". Eu digo: ou o Brasil reduz a informalidade ou a informalidade acaba com o Brasil. Não podemos subestimar a natureza estratégica desse desafio. Você, leitor, está chocado? Pensava que a pobreza e a corrupção eram os dois primeiros grandes desafios do Brasil na entrada do século XXI? É preciso compreender que no nível a que chegou a informalidade (na produção, nos direitos de propriedade, nas relações laborais e em outras relações sociais e econômicas) estamos no limite.

Se continuarmos a subestimar o potencial explosivo desse problema, se formos complacentes com o crescimento da informalidade, deixaremos em breve de ser uma nação e passaremos algo parecido como um grupo mafioso, como a sociedade de Ali Babá e os quarenta ladrões.

A sociedade brasileira precisa tomar um choque de realidade e buscar um tratamento prioritário e estratégico para tornar a formalização das relações econômicas um grande comprometimento da sociedade, dos indivíduos e dos governos.

Lembre-se de que o que hoje é informal (extralegal, porém não-ilícito) tem enormes chances de escorregar para a esfera do ilícito, para ser parte, portanto do mundo do crime, no qual impera a força e não o Direito. E lá não há esperança.

CAPÍTULO 14
O desafio da criminalidade

A má notícia: a nação brasileira sofre com a espiral ascendente de descontrole da criminalidade. A sociedade brasileira se sente refém, com medo, e a insegurança faz parte do dia-a-dia das pessoas e de sua vida social e produtiva. O Estado apresenta-se incapaz de articular uma visão estratégica de controle da segurança pública e realiza apenas inócuas ações reativas.

A AGENDA DA SEGURANÇA PÚBLICA FUNDAMENTADA NA
INTELIGÊNCIA E NA MODERNA GESTÃO PROATIVA

Crônicas do medo

Bogotá, Colômbia. Dezembro de 1998. Viagem a trabalho. De dentro do carro blindado, reparo no muro grafitado ao longo da avenida em que sigo engarrafado: "*Es posible que lleguemos a perder el miedo a la muerte, pero lo más importante es que perdamos el miedo a la vida*". Sou interrompido das divagações nas quais fui lançado pela leitura do grafite pelo alerta de meu motorista, que tem curso de defesa contra violência urbana e também contra seqüestro. Ele me chama atenção, pela quinta vez na mesma semana, para o fato de que não devo deixar minha pasta no banco de trás, pois é um chamariz para os assaltos em motocicleta. Recordo-me de sua explicação ao dizer-me que duas motos emparelham, uma de cada lado do carro, e os caronas estouram o vidro para pegar o que vêem à mostra. Desculpo-me e digo que não estou acostumado a essa modalidade de crime no Rio. Aproveito para relaxar e brinco com ele: afinal, esse carro é blindado ou não? Ao que ele me responde que o carro é blindado, mas os vidros são vulneráveis ainda assim e que não é bom testar essas coisas.

Isso foi há seis anos. Eu, morador do Rio de Janeiro, senti muito o medo em Bogotá. Impedido de "bater perna" sozinho ou a pé pela Candelária, a maravilhosa parte velha de Bogotá, tive de me restringir a *shoppings* em meu horário livre. Para matar o tempo, ia a livrarias. Em uma dessas incursões, encontrei e comprei *Territorios del miedo en Santa Fe de Bogota*, um livro cheio de estatísticas e análises que tentam explicar como uma vibrante megacidade de seis milhões de pessoas se tornou a cidade do medo.

Ali mesmo, na livraria, ao folhear esse livro, lembrei-me de bogotanos que conheci nos últimos anos e que seguiram para outros países porque decidiram criar seus filhos longe da violência. Dizem que 10% da população já partiram para o exterior por causa da guerrilha e da violência ligada aos narcos. Para essa gente, estabelecida nos EUA, Canadá e Europa, Bogotá é hoje uma lembrança saudosa e cada vez mais distante. Naquele sábado, na livraria do *shopping* de Bogotá, enquanto folheava o livro, pensei em como deve ser triste se tornar um refugiado como alternativa a viver com medo. E pensei muito nos nossos medos no Rio. Porém, pelo menos em 1998, eu ainda não tinha ouvido falar em ataques de motociclistas em engarrafamentos.

Sala de embarque da ponte aérea do Aeroporto de Congonhas, São Paulo. Dezembro de 2004. Enquanto espera a chamada de seu vôo para o Rio, um senhor de seus sessenta e poucos anos reencontra uma executiva de seus trinta e poucos. Encontro muito carinhoso. Afinal, ele é grande amigo do pai dela e foram parceiros por longos anos em trabalhos no exterior. O homem relata que voltou a morar em São Paulo, mais por causa dos medos da mulher. A jovem executiva trabalha com empresas de investimentos em Nova York e conta que ela e o marido estão bem por lá e que não têm planos para voltar. Diz-se preocupada com a violência. Toda vez que vem ao Brasil fica horrorizada com os relatos.

Ela contou como sua irmã tinha sofrido um assalto no engarrafamento em Botafogo, quando quebraram o vidro do carro e tomaram a sua bolsa. "É verdade, a situação tem piorado", diz o senhor. E passou a narrar o arrastão que presenciou em Bonsucesso, um par de meses antes. Coisa horrível. Duas motos passavam entre os carros engarrafados, os caronas portavam um grande saco em uma mão e, com a outra, apontavam as armas para as janelas dos carros. Todo mundo parado no engarrafamento simplesmente abria o vidro e atirava no tal do saco celulares, pastas, bolsas. E o cortejo de motocicletas prosseguia e seguia em direção ao carro da frente. Mais de dez carros foram assaltados, assim e sucessivamente, em menos de cinco minutos que pareceram horas. As pessoas viam os assaltantes que se aproximavam e nada podiam fazer... Um horror. O motorista do táxi disse que era muito comum esse tipo de arrastão naquela área.

Ele falou que se sente muito intranqüilo com a criminalidade também em São Paulo. Ainda não absorveu toda a mudança de estilo de vida. Essa paranóia do carro blindado, de restringir seus passeios a *shoppings* e a condomínios fechados, e que acha um saco esse cotidiano de viver a pular de *bunker* em *bunker.*

Diz que sua filha também está morando com o marido em Chicago e não tem planos de voltar com os netos. Essa é ainda mais horrorizada com a violência e que não pensa em criar os filhos aqui. Confessa que sente a dor de ser avô e viver longe dos netos, ainda crianças. O alto-falante chama para o embarque e se despedem.

Hoje, o Rio de Janeiro é uma cidade onde vigora, informalmente, o toque de recolher, more você na favela ou em áreas mais afluentes. As vias expressas tornaram-se arapucas, abertas e fechadas não pela polícia, mas por "manés". Não se trata de crime organizado sofisticado, mas de "pés-de-chinelos" que, com armamento pesado, circulam com desenvoltura pela cidade em seus cortejos chamados "bondes do mal".

Medo.

Respira-se impunidade no ar da cidade. O arrastão na praia, o assalto nos sinais, o achaque do "flanela". "Perdeu, perdeu "playboy", passa o carro." Você pode fazer o que quiser, não precisa nem mostrar a arma, ostensivamente. Todo mundo é otário. Ninguém é besta de querer dar uma de valente. Afinal, no ano de 2004, foram mais policiais militares mortos em combates com traficantes, no Rio, do que soldados do exército colombiano na luta contra a guerrilha, acredite você ou não.

Medo. Medo.

O Rio de Janeiro sangra como já sangrou Bogotá. As empresas vão para outras cidades. Fábricas são alocadas da Zona Norte e da Zona Leopoldina para outras cidades do País porque não podem oferecer segurança a seus empregados. Vinte mil assaltos por ano são praticados em ônibus coletivos de linhas regulares. Saem, aliás, fogem as empresas financeiras do Centro da Cidade. As pessoas se refugiam em *bunkers*. Os *shoppings centers* fazem um jogo de soma-zero com a cidade, roubando o melhor do comércio das ruas, que se tornam áreas decadentes em um lapso de tempo. As balas perdidas, democraticamente, zunem em qualquer território, seja favela, via expressa, praias e condomínios classe A.

A situação de faroeste não significa apenas mortos e feridos, mas também a diáspora lenta de brasileiros, a fuga de cérebros e de talentos, de investidores, de esvaziamento econômico, como mostra o Rio de Janeiro. Exagero falar assim? Talvez.

Estimativas do Ministério da Justiça dão conta de que, já em 2003, cerca de três milhões de brasileiros viviam fora do País. Sendo as maiores concentrações nos Estados Unidos (33%) e Japão (13%). Portugal, Itália, Austrália e Canadá já figuram também entre os destinos procurados por brasileiros que optaram por viver no exterior.

Mesmo para um país com 184 milhões de habitantes, três milhões vivendo no exterior é um número elevado. (Compare-se com o número de exilados políticos que tivemos durante o período militar que, no pico, chegou a dez mil brasileiros.) Ainda não se sabe se essa tendência expressa um êxodo em processo de gestação... Certamente a maior parte procurou maiores oportunidades para se realizar profissionalmente ou para melhorar de vida. Uma coisa é certa, o medo da violência e do crime começa a ser um motivo forte para fazer as pessoas considerarem deixar este país.

Medo. Medo. Medo.

Mas não quero assumir uma perspectiva elitista de quem está preocupado apenas com o medo entre as classes mais afluentes. Na verdade, o medo é maior ainda, obviamente, para os setores populares. Quem é do mundo da baixa renda, além de temer os bandidos, teme também a polícia. Sobretudo os mais pobres, e em especial os jovens e negros. Para esses "todo camburão tem um pouco de navio negreiro", como diz Marcelo Yuka, letrista e músico de *rap* – que ficou paraplégico ao reagir a um assalto no Rio de Janeiro – fazendo referência às viaturas policiais utilizadas pela Polícia Militar do Rio de Janeiro.

Claro que existem pessoas dignas nas corporações estaduais de segurança, como a Polícia Militar e a Polícia Civil. No entanto, coitados deles e de nós, cidadãos e contribuintes, a maioria é despreparada e abandonada entre comandos e colegas ineptos ou corruptos – em especial os governadores e os secretários de (in)segurança que se sucedem no Rio e são uma combinação de incompetência e cinismo, que muitas vezes tem sua dose de mau-caratismo. Esses sacam sempre algum tipo de estatística para apoiar sua argumentação a fim de relativizar que o Rio não é a cidade mais violenta do País. Mas nada disso nos tira o sentimento de reféns.

Medo. Medo. Medo. Descrença.

Se resta algum consolo, este é o fato de que o medo começa a ser equalizado pelo País. A criminalidade alastra-se de forma vertiginosa e dramática. Quadrilhas sediadas no Rio e em São Paulo começam a empregar métodos que se assemelham ao das franquias: no lugar de operarem diretamente, repassam seu *know-how* e contatos e cobram *royalties* em troca. Até quando você vai se sentir mais seguro em Ribeirão Preto, em Juiz de Fora, em Florianópolis, em João Pessoa, em Uberada etc.? É mera questão de tempo.

Medo. Medo. Medo. Medo. Indignação e revolta.

Os sinais de que a sociedade está disposta a discutir essa questão para a sobrevivência da nação brasileira começam a se tornar visíveis. O referendo sobre a comercialização de armas de fogo talvez seja o primeiro grande marco. Muita gente boa torceu o nariz para o posicionamento assumido por 64% do eleitorado brasileiro. "Cientistas sociais, políticos, colunistas disseram que o povo errou. Que cientistas somos nós que dizemos que a sociedade errou?", pergunta o antropólogo Gilberto Velho em um debate sobre os rumos pós-referendo para a sociedade brasileira realizado na tradicional reunião na cidade de Caxambu (MG) que a Associação Nacional de Pós-Graduação e Pesquisa em Ciências Sociais (Anpocs) promove anualmente congregando a nata de nossos cientistas sociais.

> A sociedade está desesperada com a violência... Existe uma onda de criminalidade brutal, e o poder público não tem vontade

de mudar isso. E o governo Lula é mais um, não é o único a ter esse descaso. O Estado perdeu controle sobre parte do território nacional. Você vê autoridades dizendo que não podem entrar na favela tal porque os criminosos não deixam, o gás não entra, o correio não chega. E não é um rincão isolado da Amazônia: é a antiga capital federal.

E prossegue em sua análise demolidora, o respeitado antropólogo:

O resultado do referendo tem sido muito mal-interpretado. O que ocorreu foi um fenômeno impressionante: uma maioria esmagadora tomar uma posição conjunta. Dizer que a campanha do "não" venceu por causa do *marketing* é superestimar o *marketing* e subestimar a inteligência e a sensibilidade das pessoas. A reação contra o Estado, contra sua incapacidade, indiferença ou até mesmo conivência, essa atitude de rejeição atravessa todas as camadas sociais, desde as mais pobres, sem dúvida mais vitimizadas, mais expostas à violência no cotidiano, até todos os outros setores da sociedade. Neste sentido, por mais terrível que isso possa soar, e irônico, aconteceu uma coisa mais democrática, porque as camadas médias, as elites, todos de um jeito ou de outro estão vivendo o sentimento de enorme insegurança e de decepção e indignação diante do Estado, do poder público. Não acho que a vitória do "não" signifique que as pessoas queiram andar armadas. Não compreender isso é muito grave. Um ou outro segmento pode estar querendo se armar. O fato de pessoas que são notoriamente direitistas ou reacionárias terem exercido papel de liderança [nos debates entre o 'sim' e o 'não'] não nos deve confundir. Porque muita gente que votou no "não" está nos setores progressistas, críticos. O que temos de importante é essa gigantesca mobilização de protesto contra o poder público e de cobrança. Cientistas sociais, políticos, colunistas disseram que o povo errou. Como assim? Colegas meus ficaram indignados. Ora, que cientistas somos nós que dizemos que a sociedade errou no referendo? Se você desqualifica o "não", vai desqualificar todas as eleições. E, neste caso, não foi o povo que solicitou a votação (de acordo com relato em matéria do Jornal O Globo, seção O País, de 30 de outubro de 2005).

Quem está no controle? A hora da responsabilidade

O quadro atual é de total paralisia do Governo Federal em relação à segurança pública, um misto de descaso e inépcia. Fatos cabais exemplificam como a vontade política trabalha com essa agenda. Compare: o orçamento da União de 2005 prevê uma alocação total para gastos em segurança de 647 milhões de reais. Entretanto, até 23 de outubro de 2005, de acordo com o portal Siafi (Sistema Integrado de Administração Financeira do Governo Federal) apenas 54 milhões foram gastos, ou seja, a burocracia conseguiu liberar e utilizar apenas 8,45% do total aprovado para o orçamento. Para outras questões, a agilidade burocrática denota uma grande velocidade e empenho, vide o novo avião presidencial, que custou 176 milhões de reais (portanto um quarto do valor do total alocado pela União para segurança no País inteiro), o qual foi encomendado, entregue e pago em tempo recorde graças à dispensa de processos de licitação. Claro, a mobilidade presidencial é muito mais importante que a segurança do cidadão.

Da mesma forma que a informalidade, a criminalidade é um processo semelhante a um câncer em metástase que coloca em cheque nossas perspectivas como sociedade brasileira e a própria viabilidade da nação brasileira em risco.

A questão da segurança pública, do controle da criminalidade, deve ser uma prioridade de Governo Federal. Urgente. Essa é uma responsabilidade que precisa ser assumida sem rodeios por quem se assenta na cadeira da Presidência da República. E já. É de lá que deve partir a responsabilidade de criar um novo paradigma de prevenção e controle da criminalidade e da segurança pública. Um paradigma no qual prevaleça a inteligência com uso intensivo de tecnologia de informação, e que a segurança pública seja conduzida por instituições e indivíduos qualificados e capacitados para promover uma gestão estratégica moderna e proativa. Se o Governo Federal se modernizou para dar conta da gestão macroeconômica, fazendária, do controle fiscal, modernizando institucional e tecnologicamente funções complexas e órgãos públicos como Fazenda, Receita Federal, Banco Central etc., certamente poderemos fazer isso em alguns anos na questão da segurança pública.

Porque isso é necessário, possível, imperativo e inadiável.

CAPÍTULO 15
O desafio do estatismo exagerado e da obesidade e ineficiência governamentais

A má notícia: O Estado brasileiro, tanto em termos de responsabilidades a ele delegadas pela sociedade, quanto de funções atribuídas, extrapolou os limites que seriam toleráveis no contexto de uma moderna sociedade democrática e de mercado; além disso, organizações de governos são, via de regra, as de mais baixa produtividade, tomam excessivos recursos da sociedade e dão baixo retorno.

AGENDA DA REENGENHARIA DO ESTADO

Porque tudo tem um limite

Redefinir o que deve ser função e responsabilidade do Estado é um desafio que se coloca, independentemente de nacionalidades, para todas as sociedades, comunidades e indivíduos pelo mundo afora, comprometidos com o objetivo de aperfeiçoar a governança democrática.

O processo de globalização nas próximas décadas se posiciona frente a uma decisão civilizadora, colocada para toda a Humanidade, independentemente de nacionalidade. Não mais se trata de mera globalização de mercados, mas da própria vida humana, tanto individual quanto coletiva. Ou partiremos em direção à Renascença Digital ou em direção à Barbárie *High-Tech*.

O Estado do século XX não cabe mais no século XXI. Aprimorar aquilo que chamamos de Estado e o que chamamos de governo, que é, em última análise, a forma de gerir e executar as funções de interesse público, transforma-se em uma tarefa titânica. Confusas frente a essa realidade, as grandes massas em democracias maduras metem os pés pelas mãos e delegam esta complexa missão a figuras identificadas como heróis de filmes de ação de Hollywood, como Arnold Schwarzenegger, eleito governador da Califórnia em 2003 após um processo de *recall* eleitoral (uma espécie de *impeachment,* em que os eleitores resolvem tirar o governador por incapacidade administrativa).

Esse é o desafio da democracia do século XXI: aprimorar o desenho do Estado, tornar mais eficiente a máquina de governar, melhorar a governança, a transparência e a capacidade de a sociedade efetivamente controlar o Estado. Temos que tentar entender o que tem sido ruim, do ponto de vista do funcionamento das instituições e das organizações que cumprem as funções de Estado; temos que arregaçar as mangas; e, de forma contínua, propor, experimentar e implementar soluções novas.

A meu juízo, o que não está funcionando corretamente é que a esfera de interferência de governos na vida das pessoas extrapolou um certo limite do aceitável, pois delegamos obrigações demais para os governos. É como se tivéssemos terceirizado, excessivamente, parte de nossos próprios compromissos como indivíduos.

É apenas no século XX, ou seja, até bem pouco tempo, que a Humanidade passou a apostar tantas fichas em construir grandes máquinas de governo. Até o final do século XIX, as sociedades nacionais, mesmo em grandes países da América do Norte e da Europa, permitiam que os governos operassem a um custo equivalente a, no máximo, de 10% da riqueza produzida coletivamente pela sociedade (gasto realizado pelo governo como proporção do PIB.

A complexidade da vida social contemporânea, representada pelos desafios de equacionar coletivamente problemas que foram emergindo ao longo do século XX, tais como a vida em grandes cidades, seguridade social nacional, o estado do bem-estar social, duas guerras mundiais, programas nacionais de alta envergadura, como provimento de infra-estrutura (rede de estradas, represas, termelétricas, usinas nucleares, redes públicas de saúde e de educação, programas espaciais e de defesa etc.), acarretaram o crescimento exponencial das máquinas públicas.

Sobretudo, as Guerras Mundiais, a Guerra Fria e o atendimento de conquistas sociais que se consolidaram como o Estado do Bem-Estar Social, fizeram com que, entre o começo do século XX e a década de 1970, governos nacionais passassem à condição de megamáquinas. Nesse contexto, passou a ser padrão o setor público ter um custo entre 30% a 40% do PIB.

Até um certo ponto isso funcionou bem, mas começa a tomar vulto um clamor emergente que questiona as suas desvantagens e se não seria mais sábio aperfeiçoar o sistema, tornando-o mais eficiente e transparente. Dessa forma, este não é um desafio exclusivamente brasileiro. É um desafio que se coloca para todas as sociedades nacionais e coletividades locais: redesenhar o papel do Estado para fazer mais com menos; e com maior grau de governança, de transparência.

A impressão que temos, como contribuintes e cidadãos, é que recebemos menos do que deveríamos quando se tratam de serviços providos diretamente pelos governos, sejam das esferas federal, estadual ou municipal.

Em países como o Brasil então, temos uma situação perversa: o Estado tributa a sociedade no nível de país escandinavo e devolve serviços de qualidade semelhante a países africanos.

Houve um tempo em que as empresas se comportavam como imensos monopólios, sem que o poder público pudesse regular seu poder. Sem competição e sem a ação reguladora do Estado, achavam que poderiam produzir o que fossem capazes e quisessem. Ponto. E que se danasse o mercado consumidor. Henry Ford dizia, na década de 1910, que o carro poderia ser de qualquer cor, desde que fosse preto. Isso mudou ao longo do século XX. A forte competição, que se tornou global, entre os fabricantes e a capacidade de a sociedade exigir mais transparência e ações do Estado, a nivelar o campo da competição e agindo para impedir a formação de cartéis, tanto no plano nacional quanto internacional, vem deslocando o poder do fabricante para o consumidor. Isso ficou claro e cristalino para quem entrou ou permanece no ramo de negócios depois dos anos 1970, e é manifestado na expressão, relativamente moderna, "o cliente é rei".

No entanto, na esfera do setor público, não temos experimentado uma evolução tão promissora. Como a grande maioria da Humanidade não pode escolher onde residir, se considerarmos a competência e a qualidade do governo, ficamos como consumidores cativos de cidadania, digamos assim.

Depender dos serviços oferecidos pelo governo para suas necessidades individuais é sempre um aborrecimento – ou até mesmo um constrangimento – para qualquer cidadão. Os funcionários públicos tornaram-se uma casta que usufrui de segurança no emprego, segurança esta que desaparece na esfera das relações laborais do setor privado, mas ao mesmo tempo encontra-se insatisfeita com suas perspectivas de crescimento profissional ou de obter maiores valores de remuneração. Sua insatisfação é expressa no dia-a-dia de seu relacionamento com o contribuinte, com os cidadãos de forma geral. Quando foi a última vez que alguém saiu satisfeito de um contato com o funcionário público que o atendeu? Interagir com um servidor público – em qualquer âmbito de serviço provido diretamente pelos governos – é ter certeza de ser tratado como um impertinente, que perturba a ordem burocrática do cotidiano. Não somos vistos como clientes, mas sim como estorvo.

Mas a globalização da sociedade civil organizada torna possível uma nova perspectiva de desenho de Estado, em que as pessoas sejam vistas como clientes no lugar de consumidores cativos, que devam se contentar com qualquer coisa que o governo seja capaz de dar.

Os políticos capazes de perceber essa nova agenda – o desafio de atender as demandas da sociedade e fazer mais com menos – e, além disso, de usar sua liderança para criar uma nova ordem mais flexível e menos burocrática ou arregimentadora, compõem uma nova geração de líderes que ansiamos por ver em ascensão.

O Brasil tem sido um país em que o estatismo foi a tendência predominante ao longo do século XX. O "desenvolvimento chapa-branca", isto é, o Estado como locomotiva, puxando o desenvolvimento da sociedade e dos indivíduos, sempre foi a lógica dominante e alcançou seu paroxismo, sobretudo em governos ditatoriais de nossa história, em especial quando estiveram à frente de nosso país líderes egressos de ambientes militares, como Getúlio Vargas e o próprio regime militar, iniciado em 1964.

Estes atores históricos, no lugar de priorizar a nutrição de ambientes favoráveis ao desenvolvimento do capital social, isto é, da própria vitalidade da sociedade, optaram pelo desenvolvimento do "deixa-que-o-governo-faz". Máquinas governamentais inchadas, estatais ineficientes, construídas com a lógica de realizar funções estratégicas, acabaram por esterilizar a capacidade da sociedade e dos indivíduos em empreender, em correr riscos, em criar riqueza.

O Estado "chapa-branca" torna-se invariavelmente opressor mesmo quando conduzido por líderes bem-intencionados, que resolvem propor e perseguir utopias para acabar com as mazelas sociais de vez por todas. O Estado "chapa-branca" acaba tornando-se senhor da sociedade e escravizando os indivíduos. O século XXI verá mais e mais pessoas demandando formas e configurações de governos que sejam democráticos e que preservem aquilo que Einstein tão bem sintetizou ao dizer "o único propósito justificado das instituições políticas é assegurar a desobstrução do desenvolvimento do indivíduo".

Não duvide de que temos gente envolvida na tarefa de reinventar a arte de governar e nós fazemos parte tanto da solução quanto do problema. A nação brasileira encontra-se agora em um ponto de inflexão. Nos anos à frente, estaremos mais exigentes, da mesma forma que, como consumidores, nos tornamos cada vez mais fortes. Escolher políticos, até bem pouco tempo, era escolher salvadores da pátria.

Amadurecemos, mas não do ponto de vista de conseguir formar políticos mais talentosos, exatamente porque acostumamos a educar nossos filhos mais talentosos para outras carreiras. Empresários de famílias tradicionais do Brasil, quando "passam a tocha" aos seus descendentes, costumam dizer que o filho mais competente assume a presidência dos negócios e o incompetente e picareta vira político.

Precisamos reencantar a atividade política como um espaço institucional que precisa de criatividade, sabedoria e competência e criar nossos filhos dentro dessa perspectiva. Parte da inspiração pode vir, quem sabe, dos ecos da juventude pacifista que ousou sonhar com algo diferente do *establishement* individualista, careta e opressor dos anos 1960 e 1970, ecos que ainda não ressoaram para as novas gerações que se comunicam por *blogs* e *downloads*. Talvez as respostas surjam no processo em que a Humanidade se encontra imersa, avançando em direção a uma Renascença Digital. Mas isso é parte da conversa do próximo capítulo.

Mas uma coisa é certa do ponto da priorização das coisas certas a fazer para o progresso da sociedade nas décadas à frente: além da redução da informalidade e da criminalidade, questões que foram enfocadas nos capítulos anteriores, teremos que enfrentar o desafio da reengenharia do Estado brasileiro. Isto quer dizer que temos que, em primeiro lugar mudar em 180º a configuração estado = patrão $\Rightarrow$ sociedade = cliente para a configuração sociedade = patrão $\Rightarrow$ estado = empregado. Em segundo lugar, temos que tornar a máquina pública mais eficaz e produtiva do ponto de vista de *performance* organizacional, capaz de fazer mais com menos.

CAPÍTULO 16
O desafio da geração de trabalho e empregos de alta qualidade

A má notícia: a economia brasileira não consegue gerar empregos e postos de trabalho em quantidade e em qualidade necessárias.

A AGENDA DO ESTÍMULO À CULTURA EMPREENDEDORA

Emprego ou trabalho?

Aspiração de praticamente 99% dos seres humanos: "ganhar a vida" com uma atividade interessante e prazerosa, de preferência um emprego estável, seguro, com bom salário e benefícios. Problema com essa perspectiva? A economia do país nunca consegue criar empregos em número suficiente para atender à demanda, sobretudo dos jovens, quase dois milhões por ano que chegam ao mercado de trabalho. Além disso, mesmo os empregos gerados, em sua maioria, são um trabalho de pouca qualificação, baixa remuneração e que trazem muito pouca realização ao indivíduo que o executa.

O que fazer é a discussão colocada nas próximas páginas, com a perspectiva de criar uma agenda ao estímulo à cultura empreendedora, que integre negócio e trabalho como faces de uma mesma moeda, na qual as pessoas se tornam mais responsáveis pelo controle de seu próprio destino produtivo, no lugar de se classificarem em empregados, desempregados ou subempregados.

A Renascença Digital

É muito conhecida a história dos luditas, movimento liderado pelo inglês Nedd Ludd entre 1811 e 1816, que tinha o propósito de destruir todas as máquinas industriais pela ameaça que representavam em termos de diminuição dos postos de trabalho. Porém, tenho certeza, é bem menos conhecida a história da Lei da Bandeira Vermelha na Inglaterra.

No ano de 1865, lordes ingleses aprovaram a Lei da Bandeira Vermelha, preocupados com a possibilidade de tumultos que poderiam ocorrer nas cidades e estradas com a potencial massificação das "locomotivas leves" ou "carruagens sem cavalos", veículos movidos a vapor que começaram a aparecer em 1760 e que são os avôs, digamos assim, do que hoje designamos simplesmente como carros, pois estes veículos podiam trafegar sem necessidade de trilhos.

Aparentemente, o Parlamento inglês estava apreensivo com a segurança e a tranqüilidade das pessoas, pois a lei dispunha que as "carruagens sem cavalo" deveriam ser precedidas de um homem a pé, acenando uma bandeira vermelha para alertar pessoas e cavaleiros. Além da bandeira, esse batedor teria, ainda, como missão, que assumir uma postura ativa, tanto gestual quanto vocal, para tornar mais conspícua a aproximação do veículo.

Além da questão da segurança nas vias públicas, a lei estabelecia que cada "carruagem sem cavalo" deveria ter lugar para um condutor reserva e ter, no mínimo, três pessoas empregadas em sua manutenção. Essas e outras providências, segundo os historiadores, eram fruto de um trabalho de dois poderosos *lobbies* daquela época, o dos donos de estradas de ferro e o dos donos das grandes empresas de carruagens. Essas providências visavam liquidar a viabilidade econômica de qualquer sonho de massificação do referido veículo no Reino Unido.

Uma convergência das boas intenções e com interesses de *lobbies* poderosos interessados na manutenção do *status quo,* fizeram com que a Lei da Bandeira Vermelha valesse por um longo tempo – 31 anos – até ser revogada em 1896. Tarde demais para que a Inglaterra se refizesse do desestímulo competitivo que a lei representou para inventores e empreendedores.

As forças revolucionárias foram brotar em outro lugar. Em 1886, Daimler, na Alemanha, aperfeiçoou o motor de combustão a explosão interna e, em 1893, os norte-americanos Frank e Charles Duryea rolaram para fora das fábricas o primeiro carro comercial. Este era ainda um produto artesanal: "um carro para cavalheiros feito por cavalheiros", como era anunciado no mercado daquela época. Foi Henry Ford que enxergou um potencial mercado em "cada família, um carro", seu *slogan* visionário, e revolucionou os métodos produtivos industriais de tal forma que, entre 1913 e 1927, a Ford fabricou, sozinha, 15 milhões de carros para um país de 120 milhões de habitantes.

Algumas pessoas acreditam que a natureza do homem não muda. Acredito, em parte, nessa história, mas o homem é parte da Humanidade e defendo com firmeza que a Humanidade se civiliza, sim, ao longo dos séculos. Ainda que, em determinados momentos, as nuvens negras da História nos façam duvidar dessa certeza.

Vejamos como essa afirmação encontra justificativa quando olhamos as relações de trabalho no decorrer dos séculos e das civilizações. Houve um tempo, aliás, muito tempo, que só existiam regras de relativa igualdade apenas entre membros da própria tribo.

Indivíduos de uma tribo, ao olharem para o mundo exterior, viam, quase invariavelmente, inimigos ou presas potenciais. Viam alvos para escravizar, para saquear, fêmeas seqüestráveis. Dificilmente viam seres humanos com direitos iguais.

Ao longo dos séculos fomos criando regras, instituições, evoluindo tecnicamente. Mas ainda assim, na maior parte das civilizações (egípcios, gregos, romanos, árabes, depois europeus), o trabalho cansativo, pesado, degradante, era na maior parte das vezes relegado aos escravos ou servos. É só no século XIX que a escravidão começa a ser consensualmente vista como ignóbil e ilegal.

No Brasil, até 1888, a escravidão era um vínculo de trabalho considerado normal, legítimo e legal. No contexto daquele tempo, chicote, tronco e feitor eram ferramentas de Recursos Humanos, digamos assim, por que eram meios considerados por boa parte da sociedade como instrumentos para aumentar a produtividade dos trabalhadores.

Dizia o velho Machado, contemporâneo daqueles tempos:

> A Escravidão levou consigo ofícios e aparelhos, como terá sucedido a outras instituições sociais... Um deles era o ferro ao pescoço, outro, o ferro ao pé; havia também a máscara de folha-de-flandres. A máscara fazia perder o vício da embriaguez aos escravos, por lhes tapar a boca. Tinha só três buracos, dois para ver, um para respirar, e era fechada atrás da cabeça por um cadeado... Era grotesca tal máscara, mas a ordem social e humana nem sempre se alcança sem o grotesco, e alguma vez o cruel. Os funileiros as tinham penduradas, à venda, na porta das lojas. Mas não cuidemos de máscaras.[1]

As mudanças civilizadoras podem ocorrer de forma progressiva ou arrastada, como foi o processo de abolição da escravidão no Brasil, mas, em determinados momentos, a jornada civilizadora da Humanidade se acelera de forma extraordinária. Alguns desses momentos são chamados de Renascença, porque quando se confronta o dinamismo desse período com o anterior, parece uma comparação entre algo que está estagnado, quase morto, e que foi trazido de novo à vida.

Esteja certo de que vivemos tempos extraordinários de transição para um novo tipo de civilização globalizada, em que o trabalho humano será redefinido e revolucionado pela Tecnologia da Informação, pelo uso do computador e das telecomunicações.

Tal uso permite vencer barreiras de espaço e tempo, e fazer mais com menos em qualquer tipo de atividade humana. Veja o setor bancário no Brasil. O investimento em informatização fez com que, apenas entre 1987 e 1992, o número de bancários fosse reduzido de 900 mil para menos de 400 mil, sem prejuízo do crescimento e da produtividade do setor.

Ainda existe gente que crê que devem ser criadas muitas leis para proteger empregos do avanço da produtividade, que isso é importante para a saúde da sociedade. No Brasil, os postos de venda de combustível não podem usar o sistema de auto-serviços. Em 1998, um deputado aprovou uma lei em Brasília que impedia postos de colocarem bombas que permitissem fornecer essa modalidade de serviço, sob a alegação de que a medida geraria desemprego. Aliás, esse é o mesmo deputado "progressista" que, desde 1999, tenta aprovar uma lei para proibir o uso de estrangeirismos que podem, segundo ele, destruir a Língua Portuguesa. Consultado sobre o assunto, o professor de português Pasquale Cipro Neto sugeriu que será muito difícil a aplicação prática da lei, dando o exemplo da palavra "pizza", que, segundo ele, teria que ser substituída por algo como "disco de massa com queijo e molho de tomate".[2]

Se a moda pega, teríamos sempre muita labuta para os luditas legisladores. Por que, então, não temos leis que impeçam o uso de balanças em restaurantes? Afinal, o auto-serviço no ramo de comida a quilo desemprega centenas de milhares de garçons. E leis que impeçam o sistema automático em elevadores? Afinal, temos quase meio milhão de elevadores no Brasil, cada um que funcionasse em horário integral geraria pelo menos três empregos diretos. E o que dizer dos postos de trabalhos de datilógrafas? Por que ninguém criou uma lei proibindo as empresas de *software* de desenvolver processadores de texto? E os acendedores de lampiões desempregados pela luz elétrica? E os ferreiros e seleiros que foram desempregados pela ascensão da indústria automobilística? E as pobres das telefonistas, cruelmente obsoletadas pelas centrais automáticas? Como, diabos, não apareceram legisladores que tivessem identificado os problemas sociais sérios que mereciam atenção?

Os economistas tradicionais sempre falam em aumento do número de empregos proporcional ao crescimento da economia. Ou seja, se a criação de riqueza cresce, aumenta também, na mesma proporção, o número de empregos. O que a maioria dos economistas ainda não percebeu, porém, é que crescimento da produção de riqueza não depende mais do aumento do número de empregados. Nos anos 1960 a 1980, por exemplo, tempos em que a Tecnologia da Informação não tinha amadurecido, eram gerados dois milhões de empregos por ano se o PIB crescesse 2%. Se aumentasse 5%, eram gerados cinco milhões de novos empregos no ano.

Era assim que a banda tocava. Agora não mais. A Tecnologia da Informação, que permite que se faça sempre mais e mais com menos e menos, inclusive com menos gente, mudou tudo. Pode-se criar mais riqueza para você e para a sociedade empregando menos gente. Os economistas ainda não escreveram uma teoria para os tempos da Sociedade Digital Global, um tempo estranho em que os grandes capitalistas são os fundos de pensão cujos donos são trabalhadores e aposentados.

Jeremy Rifkin, um conhecido autor de *best sellers* internacionais e consultor para governos e empresas em desenvolvimento e políticas públicas, alerta em seu livro *O fim dos empregos: o contínuo crescimento do desemprego em todo o mundo* (M. Books, 2004) que, a seu juízo, estamos entrando em uma nova era de produção automatizada e mercados globais. Segundo ele, uma economia virtualmente sem crescimento de empregos começa a se tornar visível. Pelo contrário, menos e menos empregados serão necessários para produzir bens e serviços para a população global. "Se esta estrada leva a um porto seguro ou a um terrível abismo dependerá de quão bem-sucedida a civilização se prepara para a era que seguirá a Terceira Revolução Industrial... O fim [da era] do emprego pode sinalizar o começo de uma grande transformação social, um renascimento do espírito humano."

Para conduzir a sociedade nessa transição traumática, precisamos da liderança de indivíduos que admitam sem vacilações e evasivas que a Era do fim do emprego está chegando. Precisamos, em especial, que isso seja reconhecido por aqueles indivíduos na faixa entre trinta e cinqüenta anos, que é onde se concentra a potencial liderança de uma nação que prepara a sociedade para mudanças. Ocorre, entretanto, que esses indivíduos são muito relutantes em admitir essa nova realidade que emerge, pois os mesmos já desenvolveram um falso sentido de segurança relativamente à certeza de manter seus empregos. Vindos da realidade diferente do século XX, muitos deles tendo já trabalhado para uma mesma organização por dez, 15 ou mais anos, para esses é virtualmente impossível compreender que seus empregadores podem não mais necessitar de seus trabalhos. Esse núcleo de indivíduos tende a crer fortemente que tudo continuará a ser como "dantes no quartel de Abrantes".

Os empregos tradicionais diminuirão sim. O emprego não será mais o vínculo de trabalho predominante lá pela metade do século XXI. Muito provavelmente, o vínculo de contratação de serviço entre organizações e pessoas denominado "emprego", tal como o conhecemos no século XX, irá virtualmente desaparecer no Brasil e no mundo. Da mesma forma que a escravidão também desapareceu das modalidades de contratação de trabalhadores no fim do século XIX.

Enfrentando as incertezas

Desde os primórdios do capitalismo, do final da Idade Média para cá, ocorre com a Humanidade uma forma estranha de progresso em que invenções inovadoras que se tornam produtos comerciais de massa acabam por obsoletar determinados modos de vida ou de produção. O automóvel obsoletou o cavalo como meio de transporte. A energia elétrica, o gás na iluminação. O computador com o *software* processador de texto, a máquina de escrever, tanto a mecânica quanto a elétrica. O CD matou o LP. O cartão magnético eliminou a ficha telefônica etc. Esse tipo de progresso ilustra bem aquilo que o economista austríaco Joseph Schumpeter (1883–1950) chamou de "destruição criativa". Como Humanidade global, estamos acelerando firme a destruição criativa nos tempos atuais. Isso é bom ou ruim? Em primeiro lugar, isso é sem dúvida perturbador, temos que admitir.

No entanto, se alguém conseguir adotar uma visão contra-intuitiva, inspirada no conceito da "destruição criativa", verá que os postos de trabalho eliminados pela Revolução Digital vão fazer nascer outras oportunidades para novas profissões, contemporâneas da Sociedade da Era Digital, e irão brotar como cogumelos, após a chuva de verão, desde que as pessoas lideradas no caminho correto cultivem o hábito de se reinventar. A recusa à reinvenção permanente é o caminho para a irrelevância.

As promessas que políticos – sejam de esquerda, de direita ou de centro – fazem gerar milhões de empregos em suas campanhas eleitorais, via políticas públicas, política industrial ou investimento público, podem ser vistas sob duas perspectivas: mera enganação ou ignorância.

Por mais poderosos que aparentem ser como ferramentas de administrar o bem-estar público, desenvolvimento e progresso, a verdade é que os governos não têm como gerar empregos de forma sustentável. Podem fazê-lo criando bolhas, temporariamente. Mesmo assim, a conta virá amarga, mais cedo ou mais tarde. Quem cria verdadeiramente riquezas e empregos são indivíduos empreendedores, capazes de combinar seu conhecimento, aptidões e capital, e correr riscos ao procurar atingir seus objetivos de lucro.

Governos podem, sim, ajudar a criar um macroambiente de negócios mais propício para a criação de riquezas e geração de empregos. A combinação de responsabilidade fiscal, redução da carga tributária, melhoria da eficiência da máquina pública e incentivo à redução da informalidade são tônicos bem conhecidos para vitalizar a economia. Podem ser condições necessárias, mas não suficientes.

Quando se fala na necessidade de melhorar a infra-estrutura, as experiências feitas ao longo do século XX mostram que os governos são mais eficazes no papel de facilitadores ou catalisadores do que em termos de aprovisionadores diretos, fornecedores ou operadores de serviços e de produtos.

Ampliar e "sinergizar" a capacidade da sociedade como um todo de empreender e gerar riqueza de forma inovadora – e não *commodities* – deve ser a grande preocupação do Brasil para perseguir o duplo objetivo de ver seu PIB crescer de forma saudável e gerar novos empregos de forma espetacular e sustentável. Precisamos nos libertar dessa cultura de desenvolvimento "chapa branca", traço comum de períodos distintos como a era Vargas, a administração JK e o regime militar.

Nos tempos da Economia da Era Digital, fiquemos certos de que o País não vai produzir empregos no setor primário, ou seja, no campo. A realidade contemporânea mostra que não se faz mais riqueza com o "homem do campo". Faz-se com um modelo novo de negócio de produção agrícola, o tal do agronegócio, com o uso intensivo de capital e de tecnologia de ponta. E o agronegócio não é gerador de empregos de massa que o senso comum imagina. Pelo contrário.

O setor secundário – industrial – é o território da reengenharia permanente, em que a robotização substitui as pessoas de forma sistemática e duradoura. Além disso, é crucial lembrar que terceirização *offshore,* isto é, contratar outras firmas de fora do país onde a mão-de-obra é mais barata, também vale para o Brasil. Afinal, tem sempre um país mais atrás de nós, com mão-de-obra baratinha para sorver os empregos que possam ser para lá transferidos. E a Tecnologia da Informação está aí para permitir que uma empresa envie em tempo real dados e informações para que sejam processados onde o serviço é realizado por mão-de-obra de custo mais competitivo.

O setor de serviços, aquele chamado de terciário e, sobretudo, o chamado hoje de setor quaternário – que é, na verdade, o terciário que utiliza mais intensamente TI – fazem a diferença. Os setores terciário e quaternário devem ser o nosso alvo estratégico para nutrir o crescimento sustentável da economia e de empregos do Brasil do século XXI. Esqueça apostas em grãos, extrativismo mineral, vegetal, produção industrial de *commodities.* Por aí, só poderemos ter vantagens de curto prazo.

As perguntas mudaram e as respostas antigas não funcionam mais. Por isso, é tudo tão aterrorizador. Precisamos ousar e criar novas soluções. Não esperemos sentados que os juros caiam, para que a máquina de gerar empregos comece a funcionar. Além de ousados, precisamos pensar a curto, a médio e a longo prazos. Além das tradicionais recomendações que 100% dos macroeconomistas fazem sobre juros e rigor fiscal, essas são algumas das avenidas que temos que construir juntos, governos, sociedade e indivíduos:

- Ruptura com a cultura do emprego e do desenvolvimento "chapa-branca" (capacitação e qualificação para empreendimentos): temos que romper o paradigma da educação tradicional baseada na fórmula educação = ensino fundamental + médio + superior, que acabou por criar em nosso país a "cultura do emprego". Devemos ousar criar uma nova perspectiva para os indivíduos, baseada na concepção de Educação Continuada, a qual seja congruente com uma cultura empreendedora, que empurre as pessoas para uma atitude mais proativa. Precisamos tirar as novas gerações da "zona de conforto", na qual aqueles que hoje têm entre quarenta e sessenta anos ficaram, e fazê-los valorizar a perspectiva de que recompensas são proporcionais a riscos.

- Aliviar o peso morto que o governo representa na economia (redução da carga tributária): desonerar empresas e reduzir drasticamente as taxas, sobretudo de pequenas e médias empresas. Essas são as verdadeiras galinhas de ovos de ouro, que geram riquezas e empregos, de forma muito mais intensa. O maior empregador em qualquer sociedade é o conjunto de micro, pequenas e médias empresas, que respondem por até 80% dos empregos formais.

- Choque na informalidade (atração de todas as atividades produtivas do setor informal para o formal): temos que investir na redução drástica da informalidade, ou seremos um país de flanelinhas, mototáxis, vans e camelôs. Como? Reduzindo tributos, taxas e regulamentações burocráticas para abertura, funcionamento e fechamento de empresas.

- Flexibilizar as regulamentações trabalhistas que tiverem se tornado obsoletas e contraproducentes, e que desestimulam as empresas a abrir novos postos de trabalho. Precisamos nos lembrar de que as organizações, sejam elas empresas, governamentais, ONGs, não têm como fim criar vagas de trabalho. Estas são meios para que as organizações alcancem os seus objetivos.

Sem revolucionar a cultura de emprego e de desenvolvimento "chapa-branca", em que vivemos imersos no Brasil, o crescimento de empregos seguirá como uma sucessão de bolhas.

CAPÍTULO 17
O desafio da redução da vulnerabilidade social

A má notícia: a nação brasileira tem se mostrado extremamente sem foco e com dificuldades em promover, com eficiência, o alívio da vulnerabilidade social e da redução do déficit social.

A AGENDA DA SOLIDARIEDADE ESTRATÉGICA

Quando não é o que parece

Antônio Salvino, 28 anos, é morador da favela do Morro Azul, que fica logo atrás do bairro do Flamengo, na Zona Sul da cidade do Rio de Janeiro. Ele é casado com Irene, 25 anos, com quem tem dois filhos, Josimar e Pamela, de seis e oito anos, respectivamente.

Salvino vende frutas de época nos semáforos dos bairros de Botafogo e Flamengo. Parte de sua clientela é de fregueses conhecidos que trabalham em grandes empresas situadas nas redondezas, como Furnas e Fundação Getulio Vargas. Para muitas dessas pessoas, Salvino é simplesmente mais um desempregado crônico que tenta não submergir na miséria urbana. Essa é parte da realidade. No entanto, ele mesmo não se vê como vítima.

Na verdade, Salvino vê as frutas como negócio, negócio em que ele trabalha de segunda a sexta, pois o movimento não compensa nos fins de semana. Os produtos vêm de uma das Centrais de Abastecimento do Estado do Rio de Janeiro (Ceasa), trazidos pelo dono de uma kombi que faz as compras e transporta o suficiente para abastecer Salvino e cinco outros parceiros em diferentes pontos. O dono da kombi abastece também outros vendedores nos sinais da Zona Sul. Cada um desembolsa R$ 5,00 por dia com o custo das frutas, mais o transporte. Em média, dá para levar limpo para casa R$ 50,00 por dia, descontadas as despesas. As frutas garantem uma renda média mensal entre R$ 800,00 e R$ 1.000,00. Salvino diz orgulhoso: "Dispenso carteira assinada para receber salário mínimo. Ganho mais vendendo frutas no sinal e pago INSS". Mas tem mais.

Salvino, com as habilidades desenvolvidas no tempo em que era peão da construção civil, é o típico "faz-tudo". Depois do celular pré-pago, as coisas melhoraram muito para ele. Salvino consegue bons biscates nos fins de semana ou à noite. São consertos domésticos, típicos da vida urbana de apartamentos da Zona Sul. Como possui furadeira e outras ferramentas, tem sempre clientes que desejam instalar prateleiras, varais suspensos, consertar armários, recolocar tacos, pinturas etc. Biscates trazem em média entre R$ 300,00 e R$ 500,00 por mês a mais para o orçamento da família.

Irene, a mulher de Salvino, aproveita o tempo em que as crianças estão na escola (ambas matriculadas em escolas públicas, nos arredores, onde têm merenda e almoço) e faz faxinas, em casas de família nos arredores, de quatro a cinco vezes por semana. Irene compartilhava o celular com Antônio, mas agora tem o seu, também pré-pago. A faxina na Zona Sul do Rio tem, como preço mínimo, R$ 50,00, mais R$ 10,00 para o transporte.

Graças ao celular, Irene tem uma boa demanda para pequenos serviços, como passar roupa, alimentar os animais domésticos e molhar as plantas de quem está viajando. Também graças ao celular, Irene ainda descola uma graninha boa para tomar conta de crianças. São mães em situações de emergência, que precisam trabalhar e estão desesperadas porque não vai ter aula na escola, ou as crianças estão com virose ou coisas do gênero. Irene se orgulha de contribuir para o orçamento doméstico, em média, com uns R$ 800,00 mensais.

Salvino e Irene moram numa favela que foi beneficiada por obras de melhoria de infra-estrutura feitas pela Prefeitura do Rio, o tal do Favela-Bairro. Têm casa própria, como é o caso de mais de 70% a 80% dos moradores favelados do Rio de Janeiro. A maior despesa é, sem dúvida, com a alimentação, mas não falta nada para as crianças. A grande dor de cabeça é a rapaziada do tráfico, que se comporta como dona da comunidade.

A família de Salvino é tipicamente aquilo que é visto de forma confusa pela sociedade brasileira, pelo governo e pelo mercado. É uma família de baixa renda para uns e pobre para outros. Por exemplo, um dos fregueses de frutas de Salvino o vê como carente, inclusive já perguntou se ele quer uma cesta básica no Natal, pois ele pode inscrever a família do Antônio na ação social da firma em que ele trabalha.

Tecnicamente, a família de Salvino e Irene está abaixo da linha da pobreza. Como nenhum dos dois tem salário, sua renda formalmente declarada está abaixo de R$ 1,00 por dia, por pessoa. Portanto, eles são elegíveis para diversos programas sociais ofertados pelos governos federais, estaduais e municipais e ONGs que, via de regra, não possuem cadastros compartilhados. Por exemplo: Cheque Cidadão, Bolsa Família, Bolsa Escola, Fome Zero, Restaurante Popular, Hotel Popular, Cesta Básica (Ação da Cidadania), Natal Sem Fome, Programa Sopa da Cidadania, Cartão Alimentação e Farmácia Popular, entre outros.

Para o mercado, a renda informal em torno de R$ 1.500,00 a R$1.800,00 qualifica a família de Salvino e Irene no segmento conhecido pelos marqueteiros e pesquisadores de mercado como Base da Pirâmide (BDP), que abrange cada vez mais promissores consumidores de bens, produtos e serviços.

Só para dar uma idéia de como é o potencial de consumo da chamada Base da Pirâmide, isto é, das famílias de baixa renda, moradoras de favelas do Rio de Janeiro, pode-se considerar o consumo de eletrodomésticos, móveis e roupas, que cresceu muito nos últimos anos. Por exemplo, pesquisas de mercado feitas em 2003 no Complexo da Favela da Rocinha mostram que a idade média dos televisores é de quatro anos, menor do que a média dos aparelhos na chamada "cidade formal", isto é, no mundo urbano do asfalto. Ou seja, o conjunto de TVs da Rocinha é mais novo que o de Copacabana, por exemplo.

Ao pensar nesse mercado de baixa renda, que para muitos é simplesmente pobreza e miséria, algumas empresas têm desenvolvido um modelo de negócio altamente bem-sucedido. O exemplo de maior visibilidade é o das Casas Bahia, que crescem a taxas de mais de 30% ao ano.

As Casas Bahia sempre foram uma cadeia de lojas populares, mas só cresceram agressivamente após o Plano Real, quando os clientes de baixa renda entraram firmes em sua tela de radar como um novo padrão de clientela com duas características básicas: necessidade imperiosa de crédito e dificuldades de comprovação de renda.

Ao perceber essas necessidades cruciais do mundo da baixa renda, as Casas Bahia, que não têm, necessariamente, o preço mais barato do mercado, criaram uma metodologia de avaliação de risco para a concessão de crédito para o segmento de baixa renda.

Sem se importar com contracheques ou comprovações dessa natureza, os analistas de crédito das Casas Bahia conseguem realizar entrevistas altamente produtivas para mapear o possível risco de inadimplência. O resultado é que, mesmo que 78% dos compradores não tenham carteira assinada, a inadimplência nas Casas Bahia é muito baixa.

Até a entrega da mercadoria comprada é usada nessa metodologia de análise de risco. As Casas Bahia não terceirizam a entrega, para que a equipe do caminhão de entregas cheque os dados do endereço e da moradia e tenha, inclusive, autonomia para decidir se deixa ou não a mercadoria. Além disso, a entrega serve, ainda, como um efeito indutor de consumo na vizinhança. Quem não gosta de demonstrar sua ascensão social para a vizinhança, sobretudo quando se trata de exibir uma recém-adquirida TV de 29 polegadas, a campeã de vendas em áreas populares?

Os paradoxos da confusão do senso comum que igualam a baixa renda à pobreza são muito estranhos para quem não se aprofunda na compreensão de como mudam rápido os estilos de vida das famílias brasileiras. Ex.: As empresas de cosméticos e de *lingerie* descobriram, por meio do mapeamento de suas vendas e de pesquisas com consumidores, que mulheres negras de baixa renda são consumidoras *premium* de produtos de beleza e *lingerie*, se comparadas a mulheres brancas do mesmo grupo etário e do mesmo extrato socioeconômico.

Os grupos focais, que são painéis de discussão realizados pelas empresas de pesquisa de mercado com consumidores para entender as necessidades, os anseios e as impressões dos mesmos, ajudam a matar a charada, incluindo aí, quais realmente são as prioridades das camadas populares. Neste caso, a conclusão foi: mulheres negras são maiores consumidoras potenciais de *lingerie* e produtos cosméticos porque estão em processo de construção acelerada de um posicionamento social positivo. Essas consumidoras estão dispostas a separar mais dinheiro em seu orçamento doméstico e pessoal para comprar batons, cremes, sutiãs e calcinhas porque isso ajuda a reforçar a sua auto-estima e o sentimento de realização.

Os estrategistas de mercado que estão superando os estereótipos do Brasil-Belíndia têm conduzido empresas na conquista de bons resultados apostando suas fichas em fazer produtos e serviços especialmente orientados para o mercado Base da Pirâmide. Aquilo que muita gente ainda chama de pobre é o exército de consumidores de empresas, que vão desde planos de saúde (Dix/Amico, do Grupo Amil) até *holdings* de comunicação (Grupo Sílvio Santos), passando por universidades (Estácio de Sá) e cadeias de varejo (Óticas do Povo, Leader Magazine, Habib's etc.).

A armadilha das boas intenções e a falta de clareza sobre a coisa-certa-a-fazer

Para compreender o Brasil, precisamos superar a miopia macroeconômica, a estreiteza de visão causada pelo foco excessivo em cima de questões de natureza macroeconômica, a qual já tratei mais especificamente em capítulos anteriores, para livrarmo-nos de nossa falta de clareza acerca do que é pobreza.

Essas confusões, que igualam a baixa renda à miséria, estão alicerçadas em inquestionáveis boas intenções, mas nos impedem de ter um diagnóstico claro sobre a coisa-certa-a-fazer.

Quem precisa de ajuda? Qual exatamente o tipo de ajuda que deve ser dada a cada um dos grupos identificados? Qual a ajuda mais produtiva, tanto em termos de recursos disponíveis na sociedade quanto do ponto de vista dos recipientes-alvo? As boas intenções, mais a falta de clareza estratégica acerca da realidade, têm criado programas sociais que não conseguem erradicar a pobreza e sangram importantes recursos da sociedade, ainda que sejam executados com nível de corrupção zero.

Existe uma coisa que os economistas conhecem bem, e também quem trabalha com formulação de políticas, que se chama trabalhar o problema pelo "lado da oferta", isto é, priorizar a realização de ações antes de conhecer claramente a demanda.

O oposto de trabalhar pelo "lado da oferta" é a estratégia de trabalhar pelo "lado da demanda". Um bom exemplo disso é a política de combate à Aids.

O Brasil tem sido considerado internacionalmente um país que equacionou relativamente bem o problema da Aids. Depois de um início muito confuso, o governo conseguiu criar, com o apoio da sociedade civil brasileira, um modelo de ataque por meio de uma estratégia que trabalha o "lado da demanda".

Imagine se a sociedade brasileira tivesse priorizado, na questão da Aids, melhorar a oferta de tratamento (médicos, leitos, remédios etc.)? A doença continuaria a evoluir sem controle. A estratégia de lidar com a doença pelo "lado da demanda" significou priorizar o ataque ao problema do crescimento do contágio. Governo e sociedade conseguiram somar esforços e criaram pautas do tipo coisa-certa-a-fazer, identificando, de forma clara, os grupos de riscos para que medidas preventivas fossem executadas e continuassem a ser implementadas.

O contágio no Brasil, bem diferente da África, acabou por ser muito menor do que se previa, graças à política de trabalhar estratégica e intensamente o "lado da demanda". Com isso, cuidar dos contaminados passou a ser mais produtivo e, hoje, graças aos avanços da pesquisa e da ação corajosa do Ministério da Saúde, que ameaçou quebrar patentes, o aidético tem medicação fornecida pelo Estado, o que permite que a Aids seja tratada como doença crônica e não mais como morte certa.

Na prática, trabalhar pelo "lado da oferta" equivale a entregar algo a alguém, o qual idealizamos necessitar de nossa oferta. Trabalhar pelo "lado da demanda" é mais contra-intuitivo, você precisa segurar suas boas intenções, o imediatismo, e procurar conhecer, sem idealizações, quem necessita exatamente do quê, para depois articular a oferta.

Em geral, o afã de resolver problemas faz com que se trabalhe pelo "lado da oferta". Afinal, gasta-se muito tempo ao procurar clarificar, mapear e quantificar a demanda, para depois produzir oferta. Mas isso é o que faz toda a diferença.

Dois casos exemplares de trabalhar o "lado da oferta", movidos por inquestionáveis boas intenções, são os programas governamentais Fome Zero e Ação da Cidadania contra a Fome, a Miséria e pela Vida.

Os resultados negativos de se trabalhar pelo lado da oferta ficam claros quando, a despeito da indiscutível boa fé com que foi imaginado pelo Presidente Lula, o balanço do Fome Zero, apresentado à sociedade pelo próprio Ministério do Desenvolvimento Social, é fluído, intangível e com falta de foco:

> Fome Zero – avanços e resultados: Ao longo de 2003, o Fome Zero teve o grande mérito de colocar o tema da fome na pauta política, como foco de um projeto nacional, além de propiciar a melhoria dos indicadores sociais dos 1.227 municípios em que ele foi implantado. A medida teve um grande impacto: viabilizou 110 mil pequenas propriedades mantendo estas famílias no campo, através da aquisição de produtos agrícolas e de leite de pequenos produtores rurais. Além disso, mais de 17 mil cisternas para captação de água da chuva foram implantadas na região do semi-árido brasileiro e a qualidade da merenda em escolas, creches e entidades filantrópicas foi melhorada.

O outro caso de trabalho pelo lado da oferta que considero exemplar é a Ação da Cidadania contra a Fome, a Miséria e pela Vida, lançada pelo sociólogo Herbert de Sousa, o Betinho, em 1992. Não se trata de levantar dúvidas sobre a boa-fé e o empenho de milhares de voluntários que gastam inumeráveis horas de suas vidas em ações solidárias.

Estou consciente dos riscos de ser mal interpretado como politicamente incorreto. Mas a questão é: estamos fazendo a coisa certa?

A mídia sempre retrata toneladas de alimentos arrecadados pela Campanha da Fome, estocadas em armazéns, mas os relatos de como, na prática, essas doações fazem a diferença para os destinatários finais, isso permanece fora do foco das câmaras. Todas as pessoas de boa vontade que doam quilos de alimentos não-perecíveis com certeza poderiam dar mais se conhecessem a real demanda e de como esta está sendo equacionada, se criaria laços de solidariedade estratégica, e não de caridade momentânea.

Solidariedade estratégica, desenvolvimento social, filantropia e caridade são formas positivas de ajuda entre seres humanos que precisam ser bem-pensadas.

A caridade estratégica – aquela que não se deixa enganar por falsos necessitados, por exemplo, mendigos profissionais – tem estado presente no Brasil muito antes da Campanha da Fome, e jamais produziu pirotecnia de mídia exatamente porque seus objetivos não são messiânicos, mas realistas e bem-focalizados. Microfocalizados, na verdade, mas que no agregado fazem a diferença. São exemplares as ações de Rotary Clubes, que atendem pequenos grupos de domicílios e mantêm vínculos com eles, anos a fio, porque ali existem doença mental, deficientes físicos, orfanatos etc.

Ao que parece, políticas e ações do "lado da oferta", via de regra, acabam por derrapar no pecado da macroeconomia: incapacidade de enxergar o micro, de clarificar as demandas pontuais e que, por isso, se tornam ineficientes.

O que é pobreza? É não ter renda acima de um determinado patamar? É subnutrição? É estar desempregado? É pertencer a um grupo socialmente mais vulnerável, como crianças e idosos, por exemplo? É ser dependente de drogas? É ser portador de deficiência física ou mental? Ser mulher, cabeça de domicílios com muitas crianças? Analfabeto? Sofrer de algum distúrbio ou desvantagem que inabilite a pessoa para o mercado de trabalho? Ex-presidiário? Famílias de prole numerosa? Famílias desestruturadas?

Muitos problemas de vulnerabilidade social, vistos como pobreza por quem monitoram a sociedade com óculos macroeconômicos, por exemplo, seriam resolvidos de forma mais eficaz por meio de grupos de auto-ajuda do que de "bolsa isso", "bolsa aquilo".

A visão de pobreza baseada em renda insuficiente ou em outras qualificações estereotipadas, como residir em favela, tem se mostrado um dos grandes obstáculos à verdadeira compreensão do problema a ser atacado.

A democracia é exatamente a incansável e permanente discussão sobre entendimentos das questões consideradas prioritárias e as decorrentes políticas, a serem implementadas. E isso inclui o alívio e a erradicação da pobreza.

O IBGE inovou, ao final de 2004, ao trazer a público uma pesquisa domiciliar que constatou que a obesidade já é um problema de saúde pública no Brasil e que, além disso, a subnutrição teria números muito mais reduzidos do que se imaginava. A pesquisa foi questionada diretamente pelo Presidente da República, ao dizer que os seus resultados eram equivocados porque "as pessoas têm vergonha de dizer que estão passando fome" e, por isso, os números se apresentaram tão baixos.

Toda essa discussão é positiva, estamos avançando como sociedade interessada em clarificar suas prioridades, sem que sejam requisitados profetas para vocalizar nossas necessidades a nos liderar de forma messiânica.

Estamos mudando de qualidade, visivelmente, em termos de políticas. Acredito que, desse debate, poderemos passar nos próximos anos da ação pelo "lado da oferta" para as ações estratégicas do "lado da demanda".

De qualquer maneira, todos nós precisamos entender que a fixação tanto da linha de pobreza quanto a da linha de riqueza, é um processo dinâmico na História da Humanidade. É como tentar acertar um alvo móvel. Por isso, precisamos melhorar o conhecimento das demandas sociais. A vulnerabilidade social tem que ser identificada inequivocamente: quem, onde e qual o indispensável apoio público? Sem isso, ficaremos apenas no campo das boas intenções.

Não podemos mais ficar no campo das boas intenções ou na discussão acerca das culpas herdadas de gerações passadas. Precisamos avançar na questão do foco e da eficiência e encontrar novas formas de equacionar, mais rápida e eficazmente, as nossas demandas relativas à vulnerabilidade social. Dizer que o Brasil tem 33% de 184 milhões de habitantes vivendo na pobreza e famintos não é mais politicamente responsável nem aceitável.

CAPÍTULO 18
O desafio da baixa inserção internacional

A má notícia: a nação brasileira subestima seu potencial para ser um ator global de primeira linha, não desenvolve uma visão estratégica clara para participar de forma proativa dos processos da globalização e acaba relegada a um plano periférico.

A AGENDA DA GLOBALIZAÇÃO DA NAÇÃO BRASILEIRA

Pulando para o banco da frente da globalização

Tanto a economia quanto a própria sociedade brasileira têm uma baixa inserção no plano internacional, isto é, apresentam uma séria desvantagem competitiva para a nação como um todo e para os indivíduos que realmente pretendem ser contemporâneos da nascente Era da Sociedade Digital Global que irá amadurecendo ao longo do século XXI. Quem é pioneiro na globalização tem enormes vantagens. Por quê?

Vou procurar ilustrar com um exemplo, no campo da música, as vantagens de uma inserção internacional. Esse talvez seja um exemplo eloqüente. Sabe quem são os compositores brasileiros campeões em arrecadação de direitos autorais? Se alguém pensou em algum compositor popular desses que estão na moda se deu mal. Villa-Lobos e Tom Jobim são considerados os campeões, simplesmente porque suas obras têm forte inserção no mercado internacional. É melhor ser relativamente conhecido em um mercado internacional de um bilhão (mercado maduro do mundo ocidental, representado pelos países da Europa e da América do Norte e o topo da pirâmide na América Latina) a fazer sucesso popular temporário em um mercado nacional de 184 milhões de habitantes, no qual predomina uma classe média de baixa e média renda. Nos tempos à frente, melhor ainda ser um produto que disputa também mercados emergentes, que junto com o mercado maduro passam dos quatro bilhões de consumidores potenciais.

"Coisa boa não bate na minha porta!", diz o velho ditado, que sintetiza a sabedoria popular de quem não fica a esperar sentado, mas que corre atrás para fazer acontecer. Assim, não podemos esperar que o Brasil seja descoberto. Precisamos desenvolver outra atitude e nos libertar desse carma do "gigante deitado eternamente em berço esplêndido".

Precisamos ser ousados e "sair da retranca" e competir aguerridamente no mercado internacional.

A história recente do desenvolvimento capitalista mostra que as sociedades e as nacionalidades mais cosmopolitas são as que obtêm melhores resultados, graças a sua abertura para localizar globalmente oportunidades de negócios, para trocas. São eloqüentes os exemplos das pequenas repúblicas italianas do século XV, como Veneza, Florença e Gênova, mais tarde a Holanda, no século XVI, obcecadas com a globalização. Depois, a Inglaterra no século XVIII. Países como Portugal e Espanha, que tiveram seu surto de cosmopolitismo, tornaram-se nações parasitas, depois sedentárias e provincianas, obesas do ponto de vista de vitalidade competitiva internacional, e entraram em uma letargia nacional da qual ainda estão por sair.

Acho muito inspirador os exemplos da Holanda e da Suécia como nações equipadas para a sociedade globalizada. Sobretudo a Holanda é um exemplo de vanguarda como país, em que a maioria da população sabe colocar o nacionalismo no seu devido lugar: na lata de lixo da História.

Um país com apenas 16,4 milhões de habitantes e que ocupa apenas uma área quase do tamanho do Estado do Rio de Janeiro, a Holanda é, em tamanho, a 12ª economia do planeta. Trata-se de uma economia muito aberta e fortemente dependente do comércio exterior, e uma das mais competitivas na Europa em termos de atração de investidores estrangeiros. O que é uma rua de mão dupla, pois a Holanda investe muito também em outros países, por meio de suas multinacionais e de seus investidores. Mas não é uma comunidade nacional monomaníaca em relação a negócios: apesar de ser um país pequeno, tem 15 de seus filhos laureados com o Prêmio Nobel.

É admirável como o holandês médio, dentro e fora da país, convive bem com a sociedade globalizada, diferentemente dos italianos, alemães, franceses e mesmo dos ingleses, que têm como vantagem a língua materna. Se alguém precisar de uma informação na rua, em qualquer lugar da Holanda, pergunte logo em inglês. Não se dê ao trabalho de perguntar a alguém, ainda que por mera educação, se o seu interlocutor fala inglês. Setenta e oito por cento do total da população fala inglês. Praticamente todos abaixo dos cinquenta anos são 100% fluentes no inglês. Deixe essa delicadeza de perguntar em primeiro lugar "Do you speak English?" para a Alemanha. Aliás, não se esqueça dela na França!

O holandês médio, por se inserir em uma cultura de sociedade mais cosmopolita, fundamenta sua visão do outro, isto é, do estrangeiro, da diversidade, em bases mais tolerantes. O diferente não é melhor nem pior, independentemente de raça, religião ou nacionalidade. Tanto é que, para o consumidor holandês, no geral, é irrelevante decidir entre consumir um produto local ou estrangeiro por razões nacionalistas; os critérios são qualidade, preço e conveniência.

Nós, brasileiros, somos, por causa da nossa geografia e nossa história, um povo mais provinciano, que vive em um confortável oceano de

Língua Portuguesa. Entrincheirados aqui dentro, tivemos menos oportunidades de nos expor ao lado de fora. Porém, a aceleração da globalização do planeta, propiciada pelos avanços da Tecnologia da Informação, que destruiu as barreiras e nos colocou ligados em tempo real ao restante do planeta, e, também, à massificação do transporte aéreo, fizeram com que as coisas começassem a mudar depois dos anos 1980.

Nos últimos 25 anos, tenho tido excelentes impressões dos executivos, consultores, empresários e artistas brasileiros que, por dever de ofício, passaram a ser *globetrotters*, para resgatar uma expressão em voga nos anos 1960. Essa gente tem tido uma surpreendente capacidade de pensar, de se expressar, de se portar de maneira muito cosmopolita. (É claro que existem circunstâncias em que duvido da generalização dessa minha afirmativa. Sobretudo, quando tenho de retornar ao Brasil em vôos que saem de Miami. Nessas ocasiões, fico realmente chocado com o comportamento de nossos compatriotas, quando embarcam ou desembarcam com suas enormes bagagens lotadas de compras e de bugigangas, que me lembram muito mais hordas invasoras de hunos do que propriamente viajantes civilizados.)

Acho que precisamos ser afirmativos em termos de nos posicionar pelo cosmopolitismo, assim como fizeram Villa-Lobos e Tom Jobim, sem abrir mão de sua identidade nacional. Não vejo com bons olhos afirmações e discursos nacionalistas.

Por que alguém deve se orgulhar de sua nacionalidade, pura e simplesmente? Podemos gostar de nossa nacionalidade, como gostamos de ser atleticanos, flamenguistas, corintianos, mangueirenses; mas isso não nos faz melhor que os outros, que são cruzeirenses, botafoguenses, palmeirenses ou salgueirenses.

Aprendi muito acerca de conveniência entre pessoas de nacionalidades diversas, ao trabalhar em empresas multinacionais ou em organizações multilaterais, nas quais a nacionalidade, para a competência no exercício das funções, tem tanta importância quanto o *hobby* que você escolheu.

Provavelmente, o avanço da globalização e do multiculturalismo farão cada vez mais, com que o nacionalismo seja visto negativamente, algo que denotará mais proximidade com o paroquialismo e com uma visão mesquinha da Humanidade. O nacionalismo é o racismo que remanesce no século XXI.

É tempo de disputar espaço no mundo globalizado de forma ambiciosa, sem anacrônicos ufanismos nacionalistas nem complexos de vira-lata.

A liderança na criação da União das Américas: um objetivo ambicioso de globalização para a nação brasileira

Olhe para o mapa-múndi à sua frente. Provavelmente, se o seu tem mais de dez anos já está desatualizado. O colapso da União Soviética provocou o aparecimento de uma série de novos países. Também na região dos Bálcãs, uma série de modificações ocorreu.

Acredito que nos anos à frente, modificações geopolíticas importantes e revolucionárias que estão acontecendo deverão trazer novas versões de mapas mundiais, em que as fronteiras nacionais ficarão secundárias, da mesma forma como são secundárias as fronteiras de municípios ou estados. A globalização avança de forma ineluctável e vamos nos tornar cidadãos de uma aldeia global.

O caso mais extraordinário nessa quadra da História é o da União Européia (UE). Uma nação chamada Europa. Quem poderia pensar nisso no contexto da Segunda Guerra Mundial, há sessenta anos? Difícil não é. Mas já existia gente que pensava e agia, a fim de tornar isso realidade. Jean Monnet, considerado o mais importante Pai Fundador da União Européia, por exemplo, pensava nisso desde a época da Primeira Guerra Mundial.[1]

Hoje, a União Européia coloca para seus membros a possibilidade de países, estados-nações paradigmáticos, como França, Alemanha e Espanha, entre outros, tornarem-se muito mais competitivos e aptos a se desenvolver mais rapidamente do que se fossem separados. O que está em jogo não é apenas uma questão de mercado, mas de progresso para a sociedade como um todo: indivíduos, comunidades, empresas e organizações. A União Européia foi pensada, visionariamente, como um caso exemplar de formação de bloco multinacional, em que a soma do todo é maior que a das partes.

Atualmente, são 25 países e vinte línguas oficiais, contando com 456 milhões de cidadãos, pessoas que podem viajar e viver sem os inconvenientes de ter que carimbar passaportes ou solicitar vistos de turismo ou negócios; e que, graças à moeda única, não têm que se aporrinhar com cotações entre países membros. A UE é um processo permanente de tratar de questões que são mais bem-equacionadas quando pensadas e atacadas coletivamente, e não nacionalmente, como liberdade e direitos, estabilidade econômica, segurança e justiça, mercado de trabalho e criação de emprego, desenvolvimento regional, proteção ambiental etc. Em última análise, a UE é um novo modelo de fazer a globalização funcionar, não apenas do ponto de vista do mercado, mas também para cada uma das pessoas dentro desse bloco multinacional.

A visão da Europa como país parece ter emergido das idéias de Jean Monnett, herdeiro de um produtor de Cognac, na França, que tomou gosto por relações internacionais em sua juventude, em Londres, e que foi muito ativo no processo de reconstrução de partes da Europa no período pós-Primeira Guerra Mundial.

Jean Monnett dizia acerca de seu projeto considerado visionário naqueles tempos: "Não estamos formando coalizão de estados, estamos unindo pessoas."

O primeiro passo concreto em direção à UE foi a implementação do Tratado de Paris (1951), baseado no plano desenhado pelo então Ministro das Relações Exteriores da França, Robert Schumann, ao criar um mercado comum para o aço e o carvão entre França, Alemanha Ocidental, Bélgica, Luxemburgo, Holanda e Itália, denominado Comunidade Européia do Aço e do Carvão.

Foi o Tratado de Maastricht (1991) que estabeleceu a grande contagem regressiva da unificação, programada para acontecer em um processo de três fases até desembocar na adoção do Euro como moeda única em 2002. A UE tem sido um esforço magnífico de concertação multinacional, que envolve nações, cidadãos, políticos, empresários e a sociedade civil organizada, dispostos a partilhar destinos comuns. Claro que o processo contou, e conta ainda, com a oposição de determinados grupos, como os Eurocéticos.

Não tem sido um mar de rosas.[2] Todo país, ao se preparar para a globalização, tem que fazer antes ajustes que podem sacudir o barco. Mas as pessoas, tanto quanto as empresas, já têm constatado que existem mais vantagens do que desvantagens. O Euro já é uma moeda mundial, forte e estável, que tem se valorizado amplamente em relação ao dólar norte-americano.

A UE é um marco na história da Humanidade. É o primeiro grande experimento de amalgamação de estados nacionais de alta complexidade. É um processo complexo, baseado na convergência dos valores compartilhados relativos à cidadania, à democracia e ao livre mercado.

Foram necessários séculos para que as sociedades dos países da Europa se tornassem estados-nações, sociedades democráticas e, fundamentalmente, urbanas. Pelo visto, serão necessárias algumas décadas apenas para que esses países se constituam um bloco regional, e para que seus cidadãos olhem para suas fronteiras nacionais como olhamos hoje para as nossas fronteiras estaduais.

O tempo não pára. Estadistas, políticos e lideranças das sociedades civis e empresariais da UE em parceria com pares norte-americanos, já fazem acordos a respeito da Associação Econômica do Atlântico Norte, que poderá se iniciar em 2015.

Assim, pelo andar da carruagem, não só na Europa, mas pelo mundo afora as fronteiras nacionais deverão ter outro caráter completamente distinto para as sociedades e para os cidadãos da aldeia global do século XXI. E estamos atrasados nesse sentido. Nós, brasileiros. Nós, latino-americanos. Nós, americanos das três Américas.

Vejamos aqui em nosso entorno. A integração na forma de blocos pequenos como o Mercosul é muito mais um problema do que uma solução. Aliás, o Mercosul é uma experiência que já demonstrou a sua insignificância tanto para seus membros quanto para o mercado global. É tempo de pensar grande ou ser atropelado.

A integração do Brasil não deve ser pensada como uma integração latino-americana. Precisamos nos libertar da visão caduca terceiro-mundista dos anos 1970. Precisamos igualmente superar a visão antiestadunidense que prevalece em alguns setores da nação brasileira.

Se países como França, Alemanha e Inglaterra têm sido capazes de superar idiossincrasias históricas, graças ao mérito de lideranças que foram capazes de enxergar para além dos desafios imediatistas, nós também podemos ser capazes de enxergar mais longe.

Devemos ter uma perspectiva mais visionária do bloco das Américas. Neste contexto, a Associação do Livre Comércio das Américas (Alca) deve ser vista e proposta pelos representantes e líderes da nação brasileira como o primeiro passo em direção à União das Américas (UA).

Em direção à União das Américas

Aparentemente, vivemos a era de um mundo dominado por apenas um pólo de poder representado, sobretudo, pela hegemonia militar norte-americana. Mas isso é apenas aparente.

Começa a ser desenhada uma nova ordem mundial, em que outros pólos de poder deverão se configurar. Vivemos um mundo monopolar, transitoriamente, acredite. O futuro da Humanidade é o das relações de poder multilaterais. Além da UE, China, Índia e Brasil já começam a se tornar as grandes nações emergentes; mercados de tamanho e de potencial desenvolvimento que se configuram como as bolas da vez para o crescimento da economia mundial.

As empresas multinacionais, até agora entretidas com o mercado de um bilhão de consumidores representado pelos países maduros (Europa, América do Norte, Japão e o topo das pirâmides dos países emergentes) fazem suas prospecções, análises e redesenham seus modelos de negócios com o objetivo de focar um mercado emergente de quatro bilhões de consumidores. Nesse contexto, a globalização deverá se acelerar ainda mais intensamente nas próximas décadas.[3]

Desde já, devemos nos atrever a advogar uma união transnacional do Alasca à Patagônia. A União das Américas, tendo a Alca como primeiro passo concreto, poderá trazer enormes benefícios a uma população de 34 países, habitados por 867 milhões de habitantes (América do Norte: 427,53 milhões; América do Sul: 362,24 milhões; e América Central: 77 milhões), que teriam apenas quatro línguas oficiais (a UE tem um emaranhado de línguas diversas).

Além das vantagens de um espetacular mercado e do desafio da estabilidade macroeconômica, poderemos acelerar o círculo virtuoso do aperfeiçoamento contínuo do sistema democrático e da estabilidade política. Hoje, temos grandes incertezas em relação à região andina, por exemplo. Os avanços democráticos e o progresso econômico estão em riscos na Colômbia, Equador, Venezuela, Peru e Bolívia. Essas regiões são, ainda, zonas geradoras de tensões, produzidas pelo narcotráfico internacional, que demanda esforços multilaterais enérgicos e inadiáveis.

Estaremos desperdiçando nosso capital de liderança como nação se nossas lideranças insistirem em uma infantil posição terceiro-mundista antiamericana de formação de blocos, se recusarem a avançar na proposta da Alca e optarem por privilegiar acordos bilaterais.

A hora de pensar grande é esta, como nunca fomos capazes de ousar: de liderar visionariamente as negociações em direção à União das Américas.

EPÍLOGO
Em busca da grande transformação

Entre a grande transformação e a irrelevância

Nas primeiras horas do dia 1º de setembro de 1939, ocorriam as últimas cargas de cavalaria como manobras de guerra de que se tem conhecimento no mundo. De forma patética, brigadas de lanceiros a cavalo, do exército polonês, carregavam contra tanques de sessenta toneladas que faziam parte da primeira divisão Panzer, que hordas de invasores nazistas lançaram contra a Polônia, sem fazer ao mesmo uma formal declaração de guerra.

A partir daquele momento, o mundo despertou para o desafio de encarar o nazismo como a grande ameaça contra a Humanidade. Pior que isso, foi a partir da dramática invasão da Polônia que estadistas, políticos, lideranças e as pessoas comuns do mundo inteiro começaram a compreender que a natureza da guerra mudara. Finalmente, começavam a ser encarados, com a devida gravidade, os alertas sucessivos, como os que eram dados há quase uma década por Winston Churchill, de que a Alemanha nazista se armava para uma guerra de escala e natureza sem precedentes.

Esses alertas foram sistematicamente ignorados por quase todos os estadistas dos países democratas, como Neville Chamberlain, o primeiro-ministro inglês de então, que preferia oferecer a Hitler o chamado Apaziguamento. Até a invasão da Polônia, o senso comum, alimentado pelos estadistas que escolheram a opção de oferecer a Hitler a conciliação, fecharam os olhos sistematicamente a fatos tangíveis que deixaram claro que a tempestade nazista estava a caminho como a anexação da Áustria (março de 1938), a invasão e o desmembramento da Tchecoslováquia (março de 1939), a participação junto às forças franquistas na Guerra Civil Espanhola (1938); as denúncias e evidências que se avolumavam acerca dos campos de concentração; as farsas forjadas por Hitler para intensificar a produção armamentista, como construir tanques sob o disfarce de tratores.

O mundo inteiro fechou os olhos até não ser mais possível deixar de concordar com os que eram tidos como paranóicos, como Churchill. Um tempo terrível foi perdido, ao longo do qual a Alemanha nazista se encheu de novas e terríveis armas revolucionárias de guerra, como os tanques Panzer, as esquadrilhas de caças de mergulho Stuka e as divisões de submarinos U-boat, que virtualmente fecharam o oceano Atlântico.

Na sua recusa em ver o futuro que se aproximava, a Humanidade assistiu, entre surpresa e perplexa, quando Hitler abriu as portas do inferno para fazer com que, sucessivamente, país após país, como Holanda, Bélgica, França, Noruega e outros conhecessem a "Blitzkrieg", a guerra-relâmpago, em que forças mecanizadas avançavam com alto grau de mobilidade e em nada se assemelhavam às localizadas e estáticas batalhas de trincheira da Primeira Guerra Mundial.

Os lanceiros poloneses, carregando contra divisões Panzer, foram o retrato da recusa dos líderes da Humanidade em detectar de forma antecipada que o mundo mudara. E assim, foram necessários quase cinco anos para que o mundo livre pudesse articular a reação e responder ao novo desafio que quase ninguém, apenas pouquíssimos, como Churchill, souberam e quiseram reconhecer.

Para essa tarefa, os líderes tiveram que ser substituídos. Aqueles que, como Chamberlain, não reconheceram que nuvens negras se formavam no horizonte e novas respostas deveriam ser articuladas, foram demitidos da História. Líderes como Churchill, que definiram com antecipação os novos desafios e suas novas respostas, foram colocados no comando. O resto é História, bem conhecida.

A maioria das pessoas, tanto quanto as organizações de qualquer tipo, sejam estas empresas, órgãos de governo, forças militares, igrejas, ONGs etc., não gosta de mudar. É muito difícil. É cheio de imprevistos. Para a maioria, mudar muitas vezes dói. No mínimo, cria um monte de aborrecimentos. Crianças, adultos, velhos, homens e mulheres, negros, brancos, asiáticos, norte-americanos, chineses, alemães, africanos, todo mundo torce o nariz quando suas respostas antigas não funcionam para resolver problemas novos. Ai daqueles que se atrevem a conclamar seus semelhantes de que é tempo de mudar, quando a maioria se sente simplesmente acomodada. É terrível ter de sair da "zona de conforto", na qual temos a segurança do funcionamento dos nossos velhos esquemas.

Freqüentemente, o dia de encarar o desafio da mudança chega como choque. Não, raramente, chega na forma de tragédia. E agora, goste você ou não, saiba que mudar não será uma opção. Mais do que isso, se reinventar será imperativo. E, se você não gosta de mudar, provavelmente vai gostar menos ainda de se tornar irrelevante, como os lanceiros poloneses ao carregar contra a divisão Panzer.

Estilos de vida de pessoas, organizações e países terão que mudar. E ai dos que não conseguirem antecipar-se à necessidade de mudança e reinvenção.

Sonho, liderança e visão para a grande transformação

O senso comum ainda não se deu conta de que estamos transitando entre eras distintas. A Humanidade está cruzando os portais de um tempo que não sabemos ainda se será chamado pelas gerações futuras como Renascença Digital ou Decadência Digital. Existem instantes na história humana, como os tempos atuais, em que o futuro deixa de ser uma extrapolação linear do presente e se torna mais insondável. De qualquer forma, sempre foi bobagem tentar prever o futuro. Como dizia Peter Drucker, o grande guru de administração, "o melhor jeito de predizer o futuro é inventá-lo". Precisamos, na condição de nação brasileira inventar um futuro que nos seja propício.

No momento em que finalizo este livro, sinto um enorme desencanto entre nossos concidadãos pela falta de uma visão estratégica que sirva como horizonte da nação que queremos. Temos sonhos velhos e recorrentes de utopias frustradas. Políticos, intelectuais, empresários, lideranças cívicas, em sua maioria, dão a impressão de estar imersos em uma letargia angustiante, recusando-se a reconhecer que o mundo mudou de forma radical e o futuro não vai ser como era previsto antigamente, cultivando mitos e estereótipos a respeito do Brasil sem perceber o quanto esses se tornaram obsoletos. Não raro, tenho a sensação de que andamos de costas para o futuro, com o olhar fixado em nossas mazelas do passado.

Sou um otimista racional. Julgo que a sabedoria de uma parte da Humanidade prevalecerá e que o tempo presente será retrospectivamente visto como a Renascença Digital. No entanto, não tenho ilusões de utopias. A vida permanecerá sendo sempre cheia de desafios, imprevistos, dificuldades. Insondável. Assim, não tenho ilusões de que a Renascença Digital nos conduzirá a um paraíso terrestre. Provavelmente, uma parte da Humanidade irá aproveitar mais plenamente as oportunidades da Sociedade Digital Global e, talvez, uma grande parcela, poderá constituir a Nova Barbárie. Muita coisa leva a crer que o maior desafio para a Humanidade nos tempos à frente não será nem pobreza, nem guerra e nem doença.

O grande desafio será a grande separação, o abismo, o grande hiato, a fratura social entre dois mundos díspares: o dos que usufruirão as oportunidades da Era da Sociedade Digital Global e o dos condenados à Nova Barbárie.

De um lado aqueles indivíduos e grupos sociais que foram bem-sucedidos em fazer a transição e aprenderam a utilizar plenamente as ferramentas tecnológicas de vanguarda que lhes permitem um maior controle sobre seu próprio destino.

Do outro lado do ringue a Nova Barbárie, constituída dos indivíduos e grupos sociais excluídos das oportunidades da Sociedade Digital Global, mergulhados no mundo nebuloso entre a informalidade e a clandestinidade. Estes se ressentirão cada vez mais das suas remotas chances de inclusão entre os bem afortunados. A Nova Barbárie se fragmentará em infinitas correntes e tendências: terrorismo, ultranacionalismo, gangues, seitas, séquitos, fundamentalismos, drogas, megahedonismo, tribalismo étnico-digital etc. Enfim, grupos que vão se constituir em potencial presa fácil para predadores da Civilização, que aparecerão na forma de perigosos demagogos, oportunistas, messiânicos e regressistas, que se oferecerão como líderes para seres humanos ressentidos, desiludidos e desesperados em busca de significado para suas existências.

Ao olhar para o passado, ao longo da História da Humanidade, temos visto freqüentes divisões bipolares: impérios e colônias, países desenvolvidos e subdesenvolvidos, burgueses e proletários, senhores e escravos. Um dos ensinamentos que parte da Humanidade apreendeu (pelo menos algumas de nossas lideranças positivas!) ao longo da História das civilizações é que quanto mais segregacionista a sociedade, maior são as chances de decadência, caos, descontrole social, revoltas. Assim, para a grande transformação que iniciamos, é fundamental ter horizontes que assegurem que a exclusão, que a fratura social na Sociedade Digital seja minimizada.

A História está cheia de exemplos em que as escolhas de uma única geração – consubstanciadas em um sonho – podem fazer a diferença. Para o bem e para o mal.

O sonho do III Reich levou a Alemanha ao desastre, que quase arrastou consigo a Humanidade. O sonho do Infante Dom Henrique era um caminho marítimo comercial para o Oriente, como rota alternativa à Rota da Seda, que era dominada pelas cidades-estados de Florença, Gênova e Veneza. A nação portuguesa, ao seguir esse sonho, construiu a Escola de Sagres, para dar início ao grande empreendimento das navegações ultramarinas. E, assim, Portugal deixou de ser em menos de uma geração um país agrícola atrasado e viu expandir seus horizontes de forma extraordinária.

Em 1776, Adam Smith lançou o mais famoso livro de economia até hoje escrito, *A riqueza das nações* (Martins Fontes, 2003), paradoxalmente, na mesma época em que a Inglaterra era considerada "o país mais pobre da Europa Ocidental", paradoxo tão bem apontado pelo filósofo José Ortega y Gasset em seu livro *A rebelião das massas* (Martins Fontes, 2002). O novo sonho da industrialização tornou-se uma visão mobilizadora e a Inglaterra transformou-se, em menos de cinqüenta anos, no mais rico império industrializado do mundo.

Nos portais da Renascença Digital, estamos de novo, a própria Humanidade, nações, organizações e indivíduos, a fazer escolhas estratégicas de rumos civilizadores. Essa nossa geração está escolhendo, como outras fizeram no passado, entre a Civilização e a Barbárie. Quanto a nós, membros da nação brasileira, essa é a hora de aposentar mitos decrépitos e sonhos obsoletos, e de reorientar os nossos rumos estratégicos. O fracasso de nossa geração conduzirá a nação brasileira a mais um século de irrelevância.

Os seres humanos e suas sociedades mudam de duas formas: ou como reação ou a partir de um sonho de lideranças visionárias. Precisamos efetivamente de sonhos, e nossa geração precisa sonhar agora, mais do que nunca, o sonho certo. Não um sonho de alma de vira-latas, como dizia Nelson Rodrigues. Mas um sonho ousado. Criativo. Elegante. Bonito e alegre como um gol de Pelé.

NOTAS, REFERÊNCIAS E BIBLIOGRAFIA

Nesta seção, além de creditar algumas fontes utilizadas, procurei identificar e apontar algumas dicas interessantes para os leitores que queiram se aprofundar no assunto. Gostaria de esclarecer que a forma com que faço essas indicações é a mais informal possível, sem seguir um padrão acadêmico de referência bibliográfica. Isso porque não sou um acadêmico, e o público ao qual pretendo me dirigir preferencialmente é o dos leigos.

No decorrer dos últimos anos, tenho atuado como consultor de estratégia e de inteligência de mercado exercendo essa atividade sem receituário científico ou acadêmico. Desenvolver estratégias – para uma empresa, uma instituição governamental ou ONG – é um processo altamente aberto e criativo, que parte de uma análise da realidade, análise essa que muitas vezes busca um *insight*, uma percepção contraintuitiva para a maioria das pessoas. Assim, com essa vivência, entendi que a presente seção poderia combinar simultaneamente notas, referências e bibliografia. No meu *site* www.ricardoneves.com.br, na seção dedicada a este livro, estarão disponíveis informações adicionais que o leitor interessado poderá acessar.

Capítulo 1

1. A citação de Nelson Rodrigues em questão, como tantas outras, é proveniente muitas vezes da minha memória a qual busca validação por meio da consulta à publicação original, ou então de "garimpo" na Internet utilizando "mecanismos de busca" como Google, Yahoo! e outros. A exploração da Internet é hoje imprescindível para o trabalho de inteligência e para quem necessita varrer com velocidade grandes bases de conhecimento humano estocadas em bancos de dados digitalizados conectados à grande rede. No caso específico dessa citação de Nelson Rodrigues, foi extraída do livro de Ruy Castro, intitulado *O anjo pornográfico* (Companhia das Letras, 1992).

Capítulo 2

1. O evento realizado pelo Banco Interamericano de Desenvolvimento (BID) em Teresópolis chamou-se Seminário sobre o Atendimento de Crianças em Situação de Rua, no período de 15 a 18 de agosto de 1998. Existe um documento sintético produzido pela Divisão de Desenvolvimento Social do BID, de autoria de Ricardo Moran e Claudio de Moura Castro intitulado *Street children and IDB: lessons from Brazil,* disponível em http://www.iadb.org/sds/doc/1329eng.pdf.

2. Uma visita ao *site* do filme "Cidade de Deus" (2002), www.cidadededeus.com.br, é extremamente interessante para se entender como a preocupação em desenvolver um produto de classe mundial (padrão Hollywood de entretenimento global) norteia tanto a construção do produto em si, quanto a estratégia de promoção e divulgação. O depoimento do diretor Fernando Meirelles é uma coletânea de clichês pobres, típicos de comunicação de massa e apropriados para quem almeja mais o sucesso de bilheterias do que efetivamente

contribuir para o entendimento acerca de questões sociais. "Cidade de Deus" tem como ponto de partida a temática social, mas é, na verdade, um entretenimento no formato "filme dé ação" sem real aprofundamento do debate social. Como contraste, no entanto, o mesmo Fernando Meirelles dirigiu, no ano anterior, em parceria com Nando Olival, um outro filme que trata igualmente de uma questão social e que é diametralmente oposto a "Cidade de Deus". Esse filme, intitulado "Domésticas", dribla clichês fáceis e previsíveis e usa de forma magistral a linguagem cinematográfica para trazer à luz um tema sumamente espinhoso da realidade e da cultura brasileiras. O produto anterior não era um mero entretenimento de massas e sim um "biscoito fino". Talvez por essa razão não tenha sido um sucesso de bilheteria.

Capítulo 3

1. Os resultados das pesquisas do IBGE, suas metodologias e até os modelos de questionários usados nas pesquisas encontram-se disponíveis em www.ibge.gov.br.

2. A pesquisa da Fundação Getulio Vargas denominada Mapa do Fim da Fome é produzida pelo Centro de Pesquisa Social do Instituto Brasileiro de Economia e encontra-se disponível em www.fgv.br/ibre/cps/mapafome.cfm.

3. Para mais detalhes sobre a forma como os marqueteiros classificam os grupos socioeconômicos de domicílios brasileiros (A1, A2, B1 etc.) acesse o *site* da Associação Brasileira de Empresas de Pesquisa (www.abep.org).

4. Parte dos números relativos à penetração de bens de consumo e condições de domicílios em favelas do Rio de Janeiro foi colhida em

pesquisas para clientes empresariais diversos em serviços de inteligência de mercado (relatórios que não são públicos). Estudos muito interessantes com números similares são os produzidos pela professora Janice Perlman, das Universidades de Nova York e Columbia, autora do *best-seller* dos anos 1970 *O mito da marginalidade* (Paz e Terra, 1977). Vale a pena conhecer, em especial, sua pesquisa sobre a evolução dos domicílios de favela no Rio entre 1969 e 2001, disponível no portal Armazém de Dados mantido pela Prefeitura Municipal do Rio de Janeiro: http://www.armazemdedados.rio.rj.gov.br.

5. Sonia Rocha, pesquisadora que considero uma das maiores especialistas em pobreza no Brasil, sobretudo por sua capacidade de análise, sem preocupação de fazer política ou discurso ideológico brandindo números, possui dezenas de trabalhos disponíveis na Internet. É só dar uma "garimpada" usando máquinas de busca com a expressão "sonia rocha miséria pobreza" que o leitor encontrará desde estudos rigorosos a boas entrevistas, como a que Sonia concedeu ao portal www.nominimo.com.br. Ela é autora do livro *Pobreza no Brasil: afinal do que se trata* (Editora FGV, 2003).

6. O modelo "entretenimento de massa padrão Hollywood", seguido por um sem-número de cineastas brasileiros que buscam criar "produtos classe-mundial" impõe forçosamente aos adeptos um esquematismo e um reducionismo singular. Ainda que haja boas intenções de produtores e diretores em fazer um filme-denúncia, de reflexão social, prevalece a orientação hollywoodiana de linguagem cinematográfica consagrada para entreter grandes massas com filmes de ação. Nessa linha, só para relembrar, vale a pena folhear a divulgação dos filmes; além do já citado "Cidade de Deus", veja também www.bus174.com, *site* do filme 174.

Capítulo 4

1. Todos os relatórios anuais das organizações multilaterais de desenvolvimento estão geralmente disponíveis na Internet. O relatórios do Banco Mundial podem ser encontrados em www.worldbank.org e os relatórios de desenvolvimento humano produzidos pelo Programa das Nações Unidas para o Desenvolvimento, que trazem as classificações baseadas nos Índices de Desenvolvimento Humano (IDH), em www.undp.org.

2. O artigo do jornalista e escritor Zuenir Ventura intitula-se *Prevendo o passado*. Foi publicado no jornal O Globo, no *Segundo Caderno*, em 2 de setembro de 2005.

Capítulo 5

1. Para quem deseja se aprofundar no tema deste capítulo, sugiro meu livro *Copo pela metade* (Elsevier, 2004).

Capítulo 7

1. Um livro que traça um panorama histórico muito rico, bem fundamentado e ao mesmo tempo aberto e interessante ao leitor leigo, chama-se *The birth of plenty: how the prosperity of the modern world was created*, William Bernstein, (McGrawHill, 2004).

2. Para leitores interessados em encontrar produção acadêmica e também matérias jornalísticas bem fundamentadas sobre a questão da "maldição das riquezas naturais", sugiro pesquisar a expressão *"natural resources curse"* em uma das máquinas de busca (Yahoo!, Google etc.). Serão listados dezenas de artigos de conceituadas instituições e autores. Destaco o ensaio produzido pelo pesquisador Martin Sandbu, do Earth Institute, tanque-de-pensar da Univer-

sidade de Columbia, dirigido por Jeffrey Sachs. Nesse artigo, o autor é taxativo: "Países com abundância de recursos naturais têm, em média, menor crescimento econômico do que aqueles com escassez de recursos naturais."

Capítulo 8

1. O *site* da organização Transparência Internacional (www.ti.org) mantém, além de tabelas e relatórios, um detalhamento das metodologias empregadas, muito úteis para jornalistas interessados em problematizar para o público leigo a real perspectiva das sondagens e análises da TI.

2. Biógrafos e jornalistas relatam que Tom Jobim, quando alcançou projeção mundial, depois de gravar com Frank Sinatra em 1962, começou a se ressentir de críticos de música brasileira, que diziam que a música de Tom tinha se americanizado. Tom também reclamava que, nessa época, muitos de seus discos encalharam nas prateleiras no Brasil. Foi quando ele teria dito que "no Brasil, ter sucesso é ofensa pessoal". Para ver artigos e textos sobre Tom, acesse o *site* www.ponteiro.com.br.

3. A pesquisa na Internet da expressão "lei de Gerson" vai revelar centenas de interessantes artigos, textos acadêmicos e ensaios, matérias jornalísticas que atestam como "levar vantagem em tudo" mostrou-se um marcante acontecimento da cultura brasileira.

4. Vale, também, pesquisar na Internet o caso "Zeca Pagodinho Brahma Schin", para desvendar um riquíssimo debate público sobre ética contemporânea, em que poderão ser acessados documentos como cartas aos jornais, artigos e crônicas de formadores de opinião, ensaios, guerras de sentenças judiciais etc.

5. Para os estudantes de comunicação que pretendem ser jornalistas das editorias Brasil, Política e Economia, vale a pena se tornar proficiente na utilização do Sistema Integrado de Administração Financeira do Governo Federal (Siafi). É por ali que será possível, de forma acurada e inteligente, pesquisar fatos, números e dados mapeando os gastos e empenhos no Tesouro Nacional. Essa ferramenta é utilíssima para toda a sociedade civil e para as oposições que se alternarem para acompanhar a governança pública. Esse tipo de portal está sendo reproduzido em todos os níveis e instâncias públicas, e recomendo começar por www.tesouro.fazenda.gov.br. Para os leitores mais interessados, existem algumas boas apresentações e tutoriais disponíveis na Internet sobre o que é, como funciona e como usar o Siafi. Outra ferramenta similar é disponibilizada pelo Conselho de Controle de Atividades Financeiras (Coaf), instituição criada em 1998, em parceria com o Banco Central e o Ministério da Fazenda e que trabalha na monitoração e inteligência relativas à lavagem de dinheiro (www.fazenda.gov.br/coaf/default.asp).

Capítulo 10

1. A expressão "fracassomania", ainda não dicionarizada, parece ter sido cunhada pelo economista alemão Albert Otto Hirscham, acadêmico das universidades de Yale, Harvard e Columbia, especialista no tema desenvolvimento e profundo conhecedor da América Latina. Foi proferida em entrevista que consta do livro *A moral secreta do economista* (Unep, 2000) no qual teria dito: "Descobri a fracassomania numa viagem ao Brasil, há mais de trinta anos. Toda vez que muda um governo, os intelectuais brasileiros consideram que está tudo errado e é preciso começar tudo de novo". O comentário de Hirscham surgiu a partir da análise da experiência de incentivos

ao Nordeste. Onde só se via corrupção, ele, em suas análises, enxergou também progressos e disse ainda "Os jovens [estudantes de economia] são mandados para estudar nas universidades norte-americanas e européias e, quando retornam, acreditam saber e conhecer tudo, sem ter aprendido nada das experiências dos velhos que sempre viveram na América Latina (...) Usei, às vezes, a palavra "fracassomania" para definir a figura do consultor das reformas, que traz novas idéias e novas propostas sem observar a realidade e a experiência do país para o qual as reformas estão voltadas" (recolhido do *Caderno Dinheiro*, Folha de São Paulo, 31 de julho de 2003).

Capítulo 13

1. Hernando de Soto é um economista peruano que tem tido atuação internacional, pioneira e destacada, como autor, pesquisador e consultor na questão dos desafios da informalidade. Além de seu livro mais conhecido, *A morte do capital,* citado no texto, é também interessante visitar o *site* da organização criada pelo autor: Instituto pela Liberdade e Democracia – ILD (www.ild.org.pe). De Soto foi eleito pela revista Foreign Policy, em outubro de 2005, o mais influente pensador latino-americano.

2. Os números relativos ao complexo da Favela do Jacarezinho estão em estudos e pesquisas realizados pelo Professor Pedro Abramo, do Ippur, UFRJ e disponíveis no portal Armazém de Dados da Prefeitura do Rio de Janeiro, já citado.

3. São particularmente interessante os estudos sobre informalidade realizados pela firma de consultoria McKinsey & Co (disponível em www.mckinsey.com), as entrevistas e artigos do professor José Pastore (também disponíveis na Internet) e o relatório *Doing business 2003* do Banco Mundial (disponível em www.worldbank.org).

Capítulo 16

1. Machado de Assis. *Pai contra mãe: relíquias de Casa Velha*. Obra Completa, v. II, Rio de Janeiro: Nova Aguilar, 1994.

2. O deputado em questão é o Aldo Rebello (PCdoB), que se tornou, no mês de setembro de 2005, presidente da Câmara dos Deputados. O deputado tem um pequeno, porém peculiar, digamos assim, lote de projetos de lei. Alguns exemplos são dados a seguir. Além do projeto sobre a "promoção, proteção e defesa" da língua nacional, ele possui outro que visa defender o mercado nacional da farinha de mandioca. Sua proposição de lei dispõe sobre a obrigatoriedade de adição de farinha de mandioca refinada à farinha de trigo comercializada no Brasil. O projeto do Dia do Saci-Pererê no dia 31 de outubro é uma corajosa iniciativa do deputado a fim de neutralizar a nefasta e perigosa influência do Dia das Bruxas (*Halloween*) em nossa cultura, festejado no mesmo dia. Rebello está sempre preocupado com o fato de as máquinas tomarem o lugar dos humanos. Além da lei aprovada com a proibição do sistema auto-serviço nos postos de gasolina, em que o cliente abastece e paga no caixa (claro que o preço do combustível cairia bastante para o consumidor final com a desoneração do pagamento dos frentistas), existem outras proposições em tramitação. Por exemplo, uma delas proíbe a adoção, pelos órgãos públicos, de inovação tecnológica poupadora de mão-de-obra. Rebello também tenta aprovar desde 2001 um projeto vetando o uso de catraca eletrônica nos veículos de transporte de passageiros, a fim de preservar o emprego dos cobradores. Mas o deputado não pensa só em preservar o trabalho em que este possa ser substituído por máquinas e proteger a cultura nacional. Existe, ainda, um projeto de tombamento de campos de futebol de várzea localizados em terrenos da União. Outro projeto seu proíbe a exigência de declaração de idade em currículo profissional. Não existem muitos outros

projetos de lei, além desses, mas temos de reconhecer a qualidade e a natureza estratégica dos mesmos para promover o progresso do Brasil. O deputado parece ter consumido o restante dos seus quase 14 anos de mandato solicitando, também, muitas informações de órgãos federais. A ficha, com suas estratégicas contribuições ao Brasil, pode ser acessada no portal da Câmara dos Deputados. Conhecendo-a com detalhes, temos de concordar que trata-se de uma rica biografia que justifica o alto cargo hoje exercido pelo deputado como presidente da Câmara. Vale lembrar que, caso haja algum tipo de impedimento, ou mesmo renúncia, atingindo nossos presidente e vice-presidente da República, esse deputado deverá assumir a Presidência do Brasil.

Capítulo 18

1. Jean Monnet, considerado um dos pais-fundadores da União Européia (UE), é quase um desconhecido no Brasil. No entanto, conhecer sua biografia é muito interessante para aqueles que acreditam que os visionários e empreendedores são indivíduos que realmente movimentam a Humanidade de forma positiva. Sua biografia pode ser conhecida no *site* da Fundação Jean Monnet (www.jean-monnet.ch), no qual constam suas publicações e ações que, ao longo de boa parte do século XX, impulsionaram e nutriram a visão e a implementação da UE.

2. De forma inusitada, o "não" foi vencedor no referendo pela ratificação da Constituição Européia ocorrido no primeiro semestre de 2005 com poucos dias de diferença, primeiro na França e, em seguida, na Holanda. No entanto, essa vitória não significa o abandono da implantação e desenvolvimento da União Européia. Certamente trata-se de um golpe na velocidade com que se pretendia acelerar a unificação da Europa. A UE poderá ter atrasos táticos no seu pleno

desenvolvimento, mas do ponto de vista estratégico, essa é uma construção irreversível.

3. Em outubro de 2003, o Banco Goldman Sachs produziu um relatório, que ficou conhecido como BRIC Report, prevendo que, por volta de 2050, o Brasil, Rússia, Índia e China deverão estar entre as cinco maiores economias do planeta. Foi a primeira vez que o *establishment* financeiro admitiu com todas as letras que os países emergentes poderão se tornar em poucas décadas tão centrais quanto a velha Europa e a América do Norte.

A **Editora Senac Rio** publica livros nas áreas de gastronomia, *design*, administração, moda, responsabilidade social, educação, *marketing*, beleza, saúde, cultura, comunicação, entre outras.

Visite o *site* **www.rj.senac.br/editora**, escolha os títulos de sua preferência e boa leitura. Fique ligado nos nossos próximos lançamentos! À venda nas melhores livrarias do país.

Editora Senac Rio	Editora Senac São Paulo
Tel.: (21) 2240-2045	Tel.: (11) 2187-4450
Fax: (21) 2240-9656	Fax: (11) 2187-4486
comercial.editora@rj.senac.br	editora@sp.senac.br

Disque Senac Rio: (21) 4002-2002

Este livro foi composto em FrankfurtGothic e Franklin Gothic
e impresso em papel *offset* 90 g/m^2
para a Editora Senac Rio, em dezembro de 2006.